普天之下·盡是好書

普天出版家族
Popular Press Family

凌雲
A-Plus Creative Company
文創

改變應對方式，才有可能扭轉情勢

生氣不如爭氣，抱怨不如改變

黛恩——著

英國詩人布萊克曾經寫道：

「只要你願意停止生氣、抱怨，就不用擦拭悔恨的眼淚，
一旦你繼續生氣、抱怨，就永遠也擦不完那些傷心的眼淚。」

確實如此，遇到不如意的事情，與其成天生氣、抱怨，
不如試著改變自己的心態和應對方式。
因為，一味生氣、抱怨並無法扭轉既成的事實，
唯有拋開心裡的負面情緒，試著調整自己的心態，才有可能扭轉局面。
人要學會放下負面情緒，在失意挫折中改變自己。
生氣、抱怨只會讓自己心情越來越糟糕，
對周遭的人事物越來越厭煩，日子當然過得痛苦不堪。

• 出版序 •

生氣不如爭氣，抱怨不如改變

僅僅空有願望不足以獲得勝利，要立刻行動，唯有靠自己才能開發那片屬於自己的沃土——自我無窮的潛能。

泰倫底馬斯曾說：「你可能做不到你想做到的一切，但是，你絕對可以做到你希望做到的一切。」

我們經常會爲自己做不到的事情找藉口，例如，埋怨景氣太差，或是抱怨懷才不遇。但是，與其爲這些無法改變的事實鑽牛角尖，還不如改變自己的心境，把一切的不如意，當成是老天給自己的禮物，如此，才能爲自己所面臨的困境找到出口。

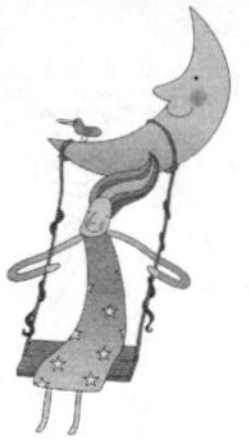

依靠別人才能達成的願望，其實仍是空中樓閣，因爲你將主控權完全交給了別人，而自己只能默默地承受結果。

作家尼米茲曾經這麼說過：「人生所有的困境，嚴格講起來，都是由自己的心境所造成的。」

確實如此，如果我們面對所謂的「困境」，內心不要那麼主觀偏執，如果我們遭遇所謂的「困境」，懂得適時調整自己紊亂的心境，那麼我們就能順利改變這些「困境」。

潛能激勵專家魏特利九歲時隨父親旅居在聖地牙哥附近，當地有一個陸軍防空砲兵團，駐紮的士兵竟和他成了好友。

他們偶爾會送魏特利一些軍中紀念品，像陸軍僞裝鋼盔、槍帶及軍用水壺，魏特利則以糖果、雜誌，或邀請他們來家中吃便飯作爲回贈。

魏特利永難忘懷那一天所發生的事情。那天，一位士兵朋友說：「星期天早上五點，我帶你到船上釣魚。」

魏特利聽了雀躍不已，高興地跳了起來：「哇哈！我早就想去了。我雖然在橋上、防波堤上、岩石上釣過魚，但從來沒有眞正靠近過一艘船，哇，能夠眼看著一艘艘船開往海中，眞令人羨慕！我早就夢想有一天我能在船上釣魚，眞是太感謝你了！我要告訴媽媽，下星期六請你過來吃晚飯。」

星期六晚上，魏特利興奮得睡不著覺，還穿好衣服、鞋子躺在床上，只是爲了確保第二天一早不會遲到。整個晚上，他都幻想著海中的石斑魚和梭魚，在天花板上游來游去。

清晨三點，他爬出臥房窗口，備好魚具箱，另外還帶了備用的魚鉤及魚線，將竿子上的軸心上好油，又帶了兩分花生醬和果醬三明治。

四點整，魏特利就準備好要出發了。釣竿、魚具箱、午餐及滿腔熱情，一切就緒地坐在家門口，摸黑等待著士兵朋友出現。

「但是，他失約了。那可能是我一生中，學會要自立自強的關鍵時刻。」魏特利平靜地說。

他並沒有因此對人的眞誠產生懷疑或自憐自艾，也沒有爬回床上生悶氣或懊惱不已，或向母親、兄弟妹妹及朋友訴苦。

相反的，他跑到附近的釣具店，花光平時幫人除草所賺的錢，買了那艘心儀已久的單人橡膠救生艇。

近午時分，他將橡皮艇吹滿氣，把它頂在頭上，裡面放著釣魚的用具，活像個原始狩獵隊。他搖著槳，滑入水中，假裝在啓動一艘豪華大郵輪。

他釣到一些魚，享受了自己的三明治，用軍用水壺喝了些果汁，彷彿這是自己一生中最美妙的日子之一。

「那眞是生命中的一大高潮。」魏特利經常回憶那天的光景，沉思所學到的經驗：「首先學到的是，只要魚兒上鉤，世上便沒有任何値得煩心的事了。其次，士兵朋友的失約教育了我，只有好的意圖並不夠；他想要帶我去，但他並未赴約。」

對魏特利而言，去船上釣魚是他最大的願望，士兵爽約後他立即著手實施自己的計劃，終於使願望成真。

假如他就這麼被失望的情緒擊潰，他極可能只是回家自我安慰：「雖然我很想去釣魚，但是那阿兵哥沒來，這回就只能這樣算了！」

只要你眞的想去釣魚，你就能採取行動，靠自己的努力而釣得到魚，何必苦等別人帶你去呢？

與其低頭傷心，埋怨別人不配合，倒不如花心思想想自己能怎麼做。

魏特利的故事告訴我們：改變心境就能改變環境，僅僅空有願望不足以獲得勝利，要立刻採取行動，要自立自強，唯有靠自己才能開發那片屬於自己的沃土——自我無窮的潛能。

英國作家毛姆曾經寫道：「一經打擊，就抱怨、生氣，甚至放棄努力的人，永遠是個失敗者。」

生氣、抱怨無法改變你的處境，只會讓你喪失理性與冷靜。

其實，在人生的過程當中，凡事都不是絕對不變的，因此，順遂之時莫過分

自得，不幸之時莫過分喪志，唯有如此，才能具備把逆境轉化成順境的心境。

英國詩人布萊克曾經寫道：「只要你願意停止生氣、抱怨，就不用擦拭悔恨的眼淚，一旦你繼續生氣、抱怨，就永遠也擦不完那些傷心的眼淚。」

確實如此，遇到不如意的事情，與其成天生氣、抱怨，不如試著改變自己的心態和應對方式。因爲，一味生氣、抱怨並無法扭轉既成的事實，唯有拋開心裡的負面情緒，試著調整自己的心態，才有可能扭轉局面。

人要學會放下負面情緒，在失意挫折中改變自己。生氣、抱怨只會讓自己心情越來越糟糕，對周遭的人事物越來越厭煩，日子當然過得痛苦不堪。

儘管很多時候，我們會在這個不景氣、不如意的環境遭遇挫折，但是無論如何，仍得對自己充滿信心。人生最難熬的事情，並不在於陷入困境，而是如何在困境中調整自己的心境，但唯有下定決心改變，才能走出困住自己的逆境。

本書要告訴讀者們的是，仍是筆者一貫堅持的信念：生氣不如爭氣，抱怨不如改變！置身什麼環境，有時候或許不是我們可以決定的，但是，只要願意，我們絕對可以藉由改變自己的心境來改變環境。

PART—1 走出陰霾，把快樂吸過來

人就像是磁鐵一樣，會吸聚同樣能量的人，如果你快樂，別人也會同你一起快樂；如果你悲傷，別人也和你一樣悲傷。

PART—2

讓危機成為改變人生的契機

如果不能接收警示的提醒，你將會直接面臨你的人生危機；然而，當你及時面對問題，自然有機會化危機為轉機。

PART—3

你可以決定如何面對環境

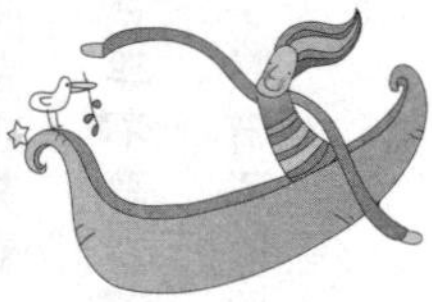

我們無法控制外在環境的變化，但是我們可以掌控自我的決定，為自己的人生下決定，你就可以不用被選擇。

PART—4

給自己希望，人生路就永不絕望

當我們懷抱著希望，就像是披掛上一身最堅韌的甲冑，就像是握著最尖銳的武器，將無所畏懼也銳不可擋。

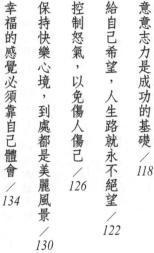

PART—5

不放棄飛行，就會擁有燦爛人生

我們永遠不會知道我們的生命將在什麼時候結束，但是我們可以努力每一天都認真地活，如此，最終自然有個燦爛的人生。

PART—6 轉個念頭，讓心更自由

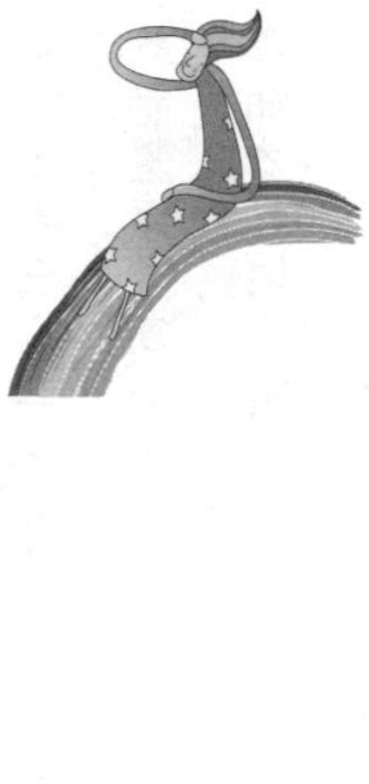

真正的愛不會相互束縛，而是相互提攜；在愛情的國度裡，心既是自由的，也是屬於彼此的。

PART—7

選擇自己最順手的武器

成功的方式不會只有一種，唯有選擇最適合自己的方法和手段，才能達到真正事半功倍的效用。

PART 8

張開雙手，才能擁抱所有

相互尊重，等於是給了彼此一個喘息的空間，可以增加潤滑，減少摩擦。

PART—9

別讓遺憾成為心頭重擔

一個人如果起了惡心，縱容自己行惡，即使是再小的惡行，都會使他的人格蒙上了灰塵。

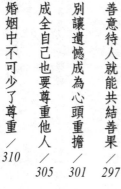

PART—10

關心，不是無謂擔心

接納孩子是一個「獨立個體」，他們也會有自己的想法、自己的意願，孩子的人生要由他自己來決定。

PART—11

靈活變通，才會比別人成功

守株待兔或許是最省力的辦法，但卻也是最沒效率的辦法，到了最後往往得付出更大的代價來彌補。

PART 1

走出陰霾，把快樂吸過來

人就像是磁鐵一樣，會吸聚同樣能量的人，
如果你快樂，別人也會同你一起快樂；
如果你悲傷，別人也和你一樣悲傷。

自艾自憐的人最可憐

一個遭逢不幸卻積極向上的人，能夠贏取別人的敬佩；一個自怨自艾貪圖憐憫的人，越是費力，越是令人覺得可鄙。

哲學家叔本華曾經這麼寫道：「喜歡生氣、抱怨的人，總是帶著有色的眼鏡觀看人生，把所有的快樂都看成不快樂，就好比美酒一到充滿膽汁的口中也會變苦一樣。」

總是能聽見有人在抱怨，抱怨自己不夠有錢、不夠美、不夠幸福……彷彿全世界只有他最可憐。其實，這樣的人眞的可憐，爲了獲得別人的同情，無所不用其極地貶低自己，彷彿不這麼抱怨，就無法得到別人的安慰。

可憐之人，必有可恨之處，其中又以自艾自憐的人最爲可憐。

一個女孩不幸被精神異常的男友潑硫酸毀容，經過三十多次的手術之後，終於能夠從容地站在記者面前談話。

她現在的臉龐已經完全看不出原本清秀可人的模樣，但她仍打趣地說：「如果大家看到我潔白的牙齒，就是告訴大家，我正在笑！」

爲了能上大學進修，她在街上兜售玫瑰花，一邊賺取自己的生活費。每次出門，她都會在她全身唯一完好的部位——十個腳趾頭上，仔細地塗上一層亮藍色的指甲油，提醒自己曾經擁有過的美麗。

她始終開朗地微笑著，讓周圍的人都看到希望。

我們不明白是怎樣的勇氣，讓她走出如此的生命陰霾，但我們可以確定這位女孩一點也不可憐，而是可敬。

她在生命中遭遇了許多人不曾想像過的傷害，但是她卻不曾以此自憐，靠著自己的力量勇敢地站了起來，而且對生命仍懷有感恩與希望。

如此一位散發光芒的人，她又何需我們的憐憫呢？她需要的只是更多的支持，與更多愛的關懷。

一個遭逢不幸卻積極向上的人，不需刻意以言語經營，就能夠贏取別人的敬佩；一個自怨自艾貪圖憐憫的人，越是費力，越是令人覺得可鄙。

心理學者馬克斯威爾．馬爾茲說：「一向尊重自己的人不會對他人抱有敵意；他不需要去證明什麼，因為他可以把事實看得很透徹；他也不需要對別人證明自己的要求。」

一個自重自愛的人，不會把自己的命運交付在別人手上，讓別人來決定他的人生，更不會依附在別人的同情之中苟延殘喘。

他會走出自己的道路，飛向自己的天空。

相信能帶來無限能量

相信自己，相信彼此。在每個人同心協力之下，未來勢必會被希望和信念的光芒照耀。

信任是一種很玄妙的東西。

當你全心信任某一個人的時候，表示這個人已經通過你內心重重的人格檢測。當你得到某個人的信任時，彼此之間就產生出一種結合緊密的心理關係。你會開始考慮自己的作爲，深怕傷害了對方的信任。

「相信」是一種積極而神奇的念力，當我們開始相信，我們就開始從相信之中獲得力量。

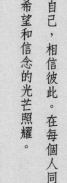

當我們陷入絕望境地的時候，往往會怨天尤人，哀憐自己為何遭遇厄運，接著對未來抱著悲觀和沮喪。

但是，假如我們試著改變心境，把風浪當成是對自己的考驗，相信自己絕對可以度過難關，那麼我們就可以戰勝困劣的環境。

據說，哥倫布發現新大陸之後，從海地島海域出發，打算返回西班牙。但是，船隊才剛剛離開海地，就遭遇到航海以來碰過最大的一次風暴。有幾艘船因為撐不住海浪的侵襲，翻覆沉入海底。

當時，所有人心中都充滿了沉痛與哀傷，也滿懷著對大海無盡的恐懼。

船長站在船頭對哥倫布說：「或許，我們永遠不能再踏上陸地了。」

哥倫布心中對於目前的情況也了然於胸，如果天氣再這樣惡劣下去，全部的人將葬身海底。然而，他對於自己的任務卻有著深深的信念。

他下定決心對船長說：「即便我們將消失在世間，我們所獲得的資訊也一定要流傳下去。」

哥倫布回到船艙裡，將這一趟旅程中獲得的珍貴資料抄寫在幾張紙片上，捲好之後塞進一個玻璃瓶裡密封起來。

他帶著瓶子來到船側，將玻璃瓶投入茫茫大海之中，而後自豪地說：「有一天，這些文件將會漂到西班牙的海灘上！」他堅定而自信地說著。

儘管每個人心裡都不免懷疑瓶子眞的會漂回西班牙嗎？難道不會被魚吃了？被海浪擊碎？還是會深埋沙底？

但是，當他們聽見哥倫布接下來所說的話之後，不禁信心大增，隨即將心底那層疑慮全部拋開。

哥倫布說：「或許是一年，或許是兩年，也或許是幾個世紀，它們都一定會漂回西班牙去，這是我的信念。上帝儘管可以辜負生命，卻絕不會辜負生命所堅持的信念！」

馬克吐溫說：「信念的力量是神奇的，它可以使千千萬萬的老弱信徒和衰弱的年輕人毫不遲疑，毫無怨言地從事艱苦不堪的長途跋涉，毫不懊悔地忍受因此而來的痛苦。」

多少人在信念的支持之下，成就了人類的偉大夢想，如果不是心中那股堅信的力量，我們又如何能有現代社會的榮景？

然而，我們還需要努力，這個世界還有許多地方值得我們探究，還有許多值得做的事，許多值得守護的美好。

相信自己，相信彼此。在每個人同心協力之下，未來勢必會被希望和信念的光芒照耀。

走出陰霾，把快樂吸過來

人就像是磁鐵一樣，會吸聚同樣能量的人，如果你快樂，別人也會同你一起快樂；如果你悲傷，別人也和你一樣悲傷。

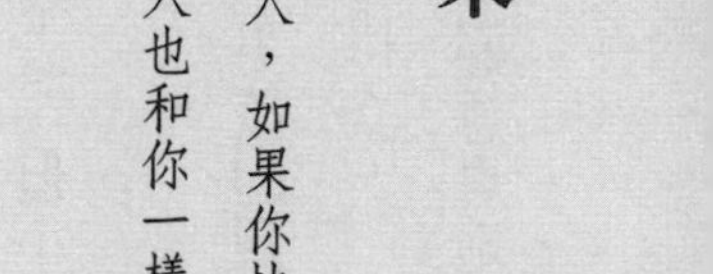

曾經有人做過一個統計，搭乘電梯的時候，百分之八十以上的人都有共同的動作：

走進電梯，轉身，面向門口，然後面無表情地盯著不斷上升或下降的數字，最後「噹」一聲，電梯開門，面無表情地離開電梯。除非發生意外事件，否則幾乎沒有人會在乎每天和誰一起搭電梯。

你呢？是不是也有類似的感受？

清晨時分，地鐵車廂裡的人不多，每一個人的表情看起來都差不多，有人閉目補眠，有人搖頭晃腦地看著雜誌、報紙，更多的人是一臉倦意，目光呆滯地望著前方。

小男孩一進車廂裡便放開父親的手，鑽過幾個乘客，找到車窗邊的座位坐下，開心地望著窗外的景色。父親跟在他身後，站在車門邊。

列車一路搖搖晃晃進入地底下，車窗外只剩下一片漆黑。

突然，小男孩有了動作，只見他溜下座位，把手放在旁邊乘客的膝蓋上。那名乘客以爲他要找爸爸，便側過身要讓他過去。但小男孩卻突然仰起頭，踮高了腳尖在那名男士臉上親了一下。

接著，前後左右幾個乘客也都得到了小男孩的親吻，每個人都驚訝得不知該說什麼，心裡有點莫名其妙，也感到有點彆扭。

小男孩的父親面對大家疑惑的目光，不好意思地笑著說：「這個孩子怕黑，每次我都用親吻來安慰他，他擔心大家在黑暗的時候會感到害怕，所以……請大家不要見怪。」

在場的人，原本彆扭奇怪的表情，一下子全都舒放開來。

心理學家做過一個實驗，對一個年紀不到一個月的小孩做表情，發現小孩望著你的時候，會不自覺地模仿你的表情。你對著他笑，他的嘴角便便漸漸揚起；你對著他哭，他的眉頭也跟著越皺越緊；你對著他扮鬼臉，小孩的五官也會慢慢地聚攏在一起。

是的，情緒是會傳染的。

待在一個悲傷的人旁邊，你的情緒也會跟著變壞，要嘛你會陪著他一起難過，要嘛你會惱怒他到底要難過到什麼時候。

反過來，待在一個開朗的人旁邊，看著他開心的模樣，你在不知不覺當中，心情也會跟著放鬆。

人就像是磁鐵一樣，會吸聚同樣能量的人在一起，如果你快樂，別人也會同你一起快樂；如果你悲傷，被你吸引過來的人也和你一樣悲傷，或是說他心裡潛在的悲傷因子會被你吸引出來。

那麼，你希望過得快樂，還是過得哀傷？走出陰霾吧！你會發現陽光早已從雲中探出頭來。

快樂的人生，來自快樂的心境

正面的想法，凝聚正向的能量。希望擁有快樂的人生，就先從給自己一個快樂的想法開始。

沒有人不希望自己過著快樂幸福的生活，但是有很多人卻每天不自覺地讓自己生活在哀傷及苦痛之中。

你可以想著要如何在工作上一展長才，帶著信心與希望去上班；也可以想著要待上八個小時才能下班，抱著坐牢的心態去上班。兩種心態的過程都是一樣的，但是結果卻天差地別。

第一個想法，可能會讓你激發出未知的潛能；第二個想法則會讓你一整天心情都烏雲密佈，宛若置身地獄。

英國作家彌爾頓在雙目失明之後，這麼說：「思想運用及思想本身，能將地獄變為天堂，也能將天堂變為地獄。」

人生的道路就像一條大河，唯有用急流本身的衝擊力改變水流的方向，才能在從前沒有水流的地方，沖刷出讓你意料不到的嶄新河道。

如果你的想法積極，就算是身處地獄，你也會把它看成天堂，假若你擁有消極的想法，即使你身在天堂，你也會認爲是在地獄。

一位身患殘疾的青年作家，經過十幾年的努力奮鬥，寫出了許多優秀作品，終於享譽文壇。

有人對他說：「如果你不是身患殘疾，恐怕會有更大成就。」

但是，他卻淡然一笑說：「你說得也許有道理，但我並不感到遺憾，因爲如果我沒有殘疾，肯定早就當了工人，哪有時間堅持學習，掌握寫作的技巧呢？從

這個意義上說，我應該感謝上帝給了我殘缺的身體，同時也給了我堅強的生活信念和立志成長的勇氣。」

每一份幸福都來自於自己的感受。飢寒交迫的人，能夠得到一碗熱湯就是幸福；待業多時的人，能接到一份面試通知就是幸福；迷路的人，忽遇熱心的引路人就是幸福。

幸福的樣子，是靠自己的想法去描繪出來的。

拿破崙擁有一般人夢寐以求的一切，榮耀、權力、財富……幾乎應有盡有，然而他卻說：「在我的一生中，從來沒有過快樂的日子。」

海倫·凱勒天生又盲又聾又啞，可是她卻說：「生活是多麼美好啊！」

問問自己，你是拿什麼樣的態度來面對生活？你希望用什麼樣的想法來描繪出你的幸福？正面的想法，凝聚正向的能量；負面的想法，堆積負向的能量。希望擁有快樂的人生，就先從給自己一個快樂的想法開始。

用冒險的心挑戰未知

如果自己不曾堅定心意，勇於追求，勢必無法得到冀望的結果。說不定你全力以赴的結果，有可能可以改變命運。

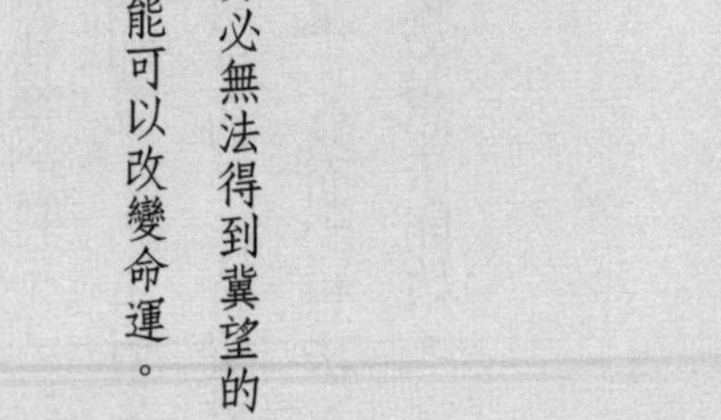

英國作家維吉尼亞．吳爾芙說：「若我們不冒險犯難，雖然不會為挫折消沉沮喪，卻已經凋萎老去。」

中庸的道路，或許是安全的，卻也可能是無趣的。害怕失敗與挫折，也很難激起生命的火花。有冒險之心的人，生活當然會過得比較精彩。

冒險，也意味著未知與嘗試，難以預見結果。

面對未知，或許會讓人恐懼，但因恐懼而退縮，我們將永遠不知等在我們前

方的可能是什麼。

我們生活在一個群體的社會，這意味著我們的人生將會受到周遭人們的影響，不論是好或是不好。

有許多靈光乍現的想法，訴諸他人的時候，有時會因此大放光芒，有時候則會因此消去光影。當你認爲的絕妙主意被人視爲「瘋狂無稽之談」的時候，你會怎麼做？

有些人或許會回過頭來修正自己的想法與腳步，好讓自己的作爲可以符合所謂的「正常」；可是，有一個人卻不作如此想。

他在十六歲的時候就自行拍攝了一部科幻電影。而後，他遇上了幾位瘋子，一起做了許多旁人看來「瘋狂至極」的事。

第一個瘋子是一位光學公司的老闆，願意無條件拿出一萬美元的現金提供他拍片。第二個瘋子是一名攝影師，儘管前途茫茫，他們依然每天共同討論電影的每個細節，因爲他們知道自己一定會成功。

第三個瘋子是一家電視公司的總裁，不只讓他成爲公司的員工，而且什麼都不用做，儘管去想他那些「瘋狂點子」。

第四個瘋子是他的秘書，爲他影印了一篇《花花公子》雜誌上的科幻小說，成就了他第一部電影的劇本。

而他，則集所有瘋狂之大成，拍了一部名爲《大白鯊》的電影，風靡了全球影迷的心。

他的工作人員常說：「他隨時都會要求你去做一些不可能的事……」

他就是史蒂芬·史匹柏。他不曾放棄自己的「瘋狂點子」，而是拼一己所能，集眾人之力，讓它成眞。

法國作家安德烈·紀德曾經這麼說：「若不先離開海岸，是永遠不可能發現新大陸的。」

置之死地而後生，預先設想過了最壞的結果，那又有什麼好損失的呢？

我們可以庸碌度過一生，也可以極其瘋狂地揮彩人生的色彩，當我們勇敢地踏出去，勇於承擔所將到來的一切後果，或許，我們也將在其中嚐到成功的甜美果實。

莎士比亞曾經提醒我們：「不要聽信那些向你說：『成敗在天，不可強求！』之類的胡說八道。」

如果自己不曾堅定心意，勇於追求，勢必無法得到冀望的結果。但是，曾經努力，即使最後失敗了，至少我們曾經嘗試過。

威廉．麥克菲說得豪邁：「如果你的命運註定要失敗，那麼無論如何，好好打一仗吧！」

說不定你全力以赴的結果，有可能可以改變命運。堅持自己的想法，或許癡，或許傻，或許狂，但在人生的旅途盡頭，回望前塵，心中必定了無遺憾，至少應該不會爲那些輕易錯放的未知，感到哀傷與惋惜。

你可以走向另一條道路

每一個人在初生之時都一樣，但是未來要變成什麼模樣，就看每個人的際遇與造化。

我們都明白，歲月是一條永遠向前的無形線，在這條線上，每一個人都沒有回頭的權利，無論過往如何，我們都只能繼續向前走。

後悔，是在心靈上重重刻畫的傷害，傷口雖然結了痂，疤痕卻永遠不會消失。在某些特定的時候，已經癒合的傷口，卻又會莫名地隱隱作痛起來。

所以，讓我們盡己所能，別再輕易讓自己後悔。

美國知名短篇小說家歐·亨利的小說裡，有一篇故事，描述一個在鄉下長大的男孩，曾經和班上的一個女同學有過一段淡淡的青梅竹馬戀情。

這段純眞的感情隨著他長大，前往大都市討生活而結束。

在大都市裡謀生的過程並不順利，男孩最後走上了犯罪之路，成了一個扒手，一個見不得天日的竊賊。

一天，他動手扒了一位老太太的錢包，在他正爲自己日漸嫻熟的偷竊手法感到得意時，迎面走來一位年輕的小姐。

他一眼就認出來她正是那位青梅竹馬的女同學，而且她的樣子依舊如此純眞、甜美可人。剎那間，他分外覺得自己手中剛搶過來的錢包燙手，一股羞愧之情油然而生。

他急急忙忙躲了起來，難受地把頭靠在冰冷的燈柱上，喃喃地說：「主啊，我寧願我已經死了！」

在這一刻，他清楚地看見自己是可憎而且卑劣。

每一個人在初生之時都一樣純眞湛然，但是未來要變成什麼模樣，就看每個人的際遇與造化。

兩個曾經特質如此相近的人，最後卻因爲環境的不同，有了天壤之別的際遇，或許可以責怪上天爲什麼要給每人個不同的命運，但是，生命裡的每一個決定，都是自己親自做成的。男孩從一個純眞的學生變成一個冷血扒手，縱是命運使然，但這樣的結果，難道不是男孩自己放任而來的嗎？

他選擇了自己的道路，做了自己的決定，結成了他應受的果。所以，當他發現他原本可以走向另一條道路，人生可以有不一樣的結果時，他心中悔恨之情便泉湧而出。

或許，一切都還來得及，勇於認錯，勇於改過，盡力彌補，就能稍稍減緩悔恨傷口的痛楚。

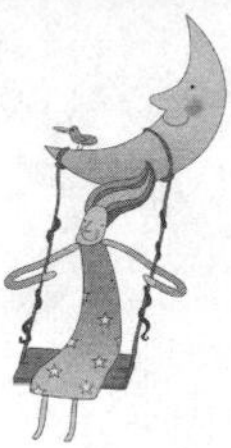

看淡生命中的得失

坦然面對生命中的失去，當上帝一手關了門，必定另一手開窗，而我們終將會在未來的旅程中有斬獲。

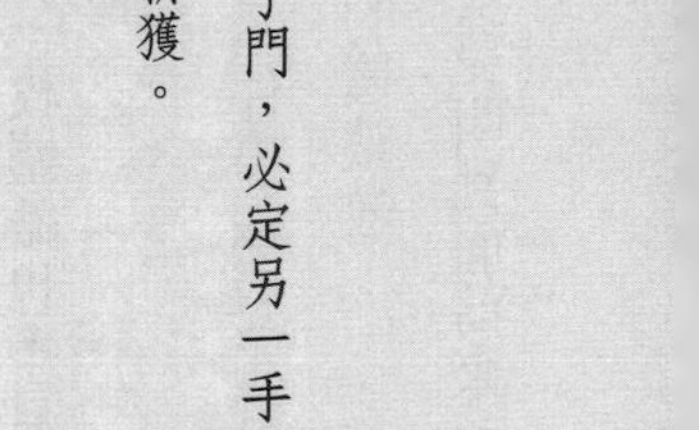

慾望就是一股改變人生航路的強大力量，但是，慾望有好有壞，必須適度加以節制，並且運用得當。

否則，劣等的慾望就會使我們患得患失，把我們牽引至錯誤的人生方向，沉溺於物質的渴求而無法自拔。

「有得必有失」這個道理人人皆知，但是我們總是習慣於得到，害怕失去。

奇怪的是，有時候得到了還不見得會感到開心雀躍；失去了，反而呼天搶地、埋怨嘆息，難過上好一陣子。

有人說：「舊的不去，新的不來。」能夠有這樣坦然的態度倒是好的。畢竟人生就是在獲得與失去之中交替著，沒有辦法坦然面對得失，鎮日心情高低起伏得太過劇烈，對心境及情緒來說可是不太好的。

一位年輕的牧師家中不幸遭了小偷，一枚華麗且貴重的家傳懷錶，在一家人熟睡時被人偷走了。

牧師的心裡雖然有點懊喪，但他認爲懷錶不過是身外之物，失去一枚懷錶並不會使他質樸的衣著更見寒酸，當然，多了一枚懷錶也不見得會使他變得華麗。所以，他表現得相當淡泊，一如平常地過日子。

他的小女兒正是喜歡說話的年紀，她把這件事編成了歌來唱，老是逢人便唱著：「小偷來啦！小偷來啦！小偷偷走爸爸的懷錶啦！」

牧師聽見了，卻神色一正，嚴肅地將小女兒叫到面前來，說道：「別亂說話，哪有什麼小偷？這是一個很難聽的名詞，以後不要再說。」

小女兒被責備得很冤，嘟著嘴說：「可是，本來就是小偷偷走的啊！」

樸實的牧師如此說道：「不是，他不是小偷，只是一個人，是一個比我更需要那枚懷錶的人。」

一個念頭轉換，便爲人留下了餘地。倘若事發當時，那名小偷聽見了這番話，恐怕怎麼也不好意思把那枚懷錶帶走吧？即便是帶走了，恐怕也分外地覺得良心不安吧！

我們不一定要要求自己像牧師那樣豁達地看待身外的財物，但是，我們卻可以學習如何看淡生命中的得失。

幸福快樂的秘訣就是隨遇而安，看淡得失。

不懂得放下的人總是斤斤計較有形財富的得失，殊不知，這只會讓自己的「心靈行李」越來越沉重，最後讓自己舉步維艱，陷入痛苦的深淵。

失去的已經失去了，光是緬懷不已就能夠讓失去的再重新來嗎？如果不行，又何必花費心思去煩惱？倒不如多花點時間想想該如何開拓未來。

爲了追求生命的卓越，我們必須要不斷地以智慧和汗水去追求。在這個過程中，總會有些東西不小心遺落。如果是身外之物，實在不必要特地回頭撿拾而減緩自己的速度。

太空梭在起飛穿越大氣層之後，會有一大部分的機體脫落，這一個動作是爲了在最後一刻給予太空梭最後一個向上推進的動力，否則過於龐大的機體是無法順利進入太空中的。失去那一個部分，無損於太空梭未來的航程，反倒是激勵的因素之一。

坦然面對生命中的失去，當上帝一手關了門，必定另一手開窗，而我們終將會在未來的旅程中有斬獲。

用眼睛看，也要用心去感受

把心眼打開，從表象之下去感受，我們將會發現，真相其實往往超乎我們想像。

「眼睛是靈魂之窗」，透過我們的雙眼可以看見很多事情。眼睛，是我們與外界接軌的重要感官。

於是，很多人相信「眼見爲眞」，要求眼見爲憑。天知道，我們的眼睛有多麼容易受到蒙蔽！

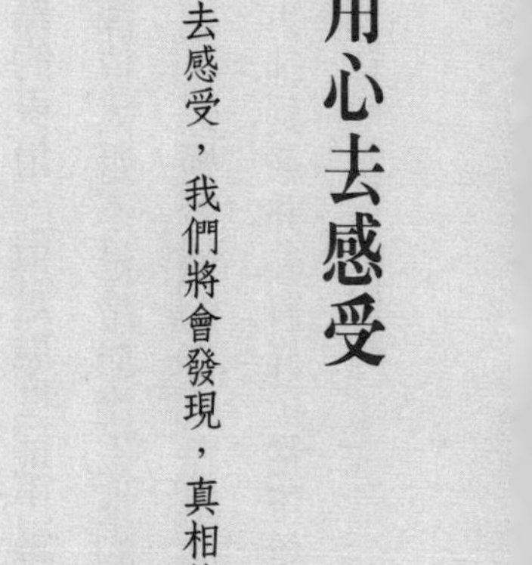

有一個人剛轉職到新單位，禮貌地向單位裡的前輩打招呼，有禮的態度贏得了不少好感，大家都很熱情地歡迎他。只有一位大姐老是擺著一副臭臉，對人愛理不理的，加上處理事情的態度嚴肅，看起來很難相處的樣子。

碰了幾個釘子以後，這個人索性也不去理會她，心想：「我和妳又無冤無仇，何苦要看妳臉色，拿熱臉來貼冷屁股？」久了，他即使見到了那位大姐也不再打招呼，假裝沒看見。

有一天，他在茶水間裡準備倒開水，那位大姐突然在他身後說：「等一下！」他心想這下子不知哪裡惹到她了，於是沒好氣地說了聲：「幹嘛？」

那位大姐說：「你聽，水箱裡是不是有響聲？現在水還沒煮開，稍等一會兒，等水開了再倒。」仍是不冷不熱的表情，但是態度卻不慍不火。

那一刻，他才明白，其實那位大姐不是冷血沒人性的人，其實她也會關心旁人，只是不夠主動熱情而已，她正以她習慣的方式在幫助別人。仔細回想下來，雖然她對人從不搭理，但是做事卻始終井井有條，從不給人帶來麻煩。有時候，誰不小心捅了簍子還是她默默在背後幫忙收拾的。

這樣的人，不會譁眾取寵，平常光用眼睛是看不到他們的好，而是要用心去感受。

仔細想想，我們是否也曾經被這樣的人在身後默默支持過？他們雖然不曾給過我們什麼特別好處，但卻也從不曾在我們背後扯後腿。

這種「水箱性格」的人，平常深鎖在不鏽鋼的冰冷機身裡，從外表看起來，根本看不見水到底煮開了沒有，但是恰當的時機一到，他們就像水箱上的紅燈，一旦水開了便會清楚地亮了起來，在那一刻，你也能清楚地感受到他們心底的熱情。

如果我們只會從外表去下判斷，我們將會錯失多少？如果我們不曾用心去了解，我們將會誤解多少？

眼睛的確是靈魂之窗，讓我們看見了許多事物，但別忘了也要把心眼打開，從表象之下去感受，我們將會發現，真相其實往往超乎我們想像。

讓危機成爲改變人生的契機

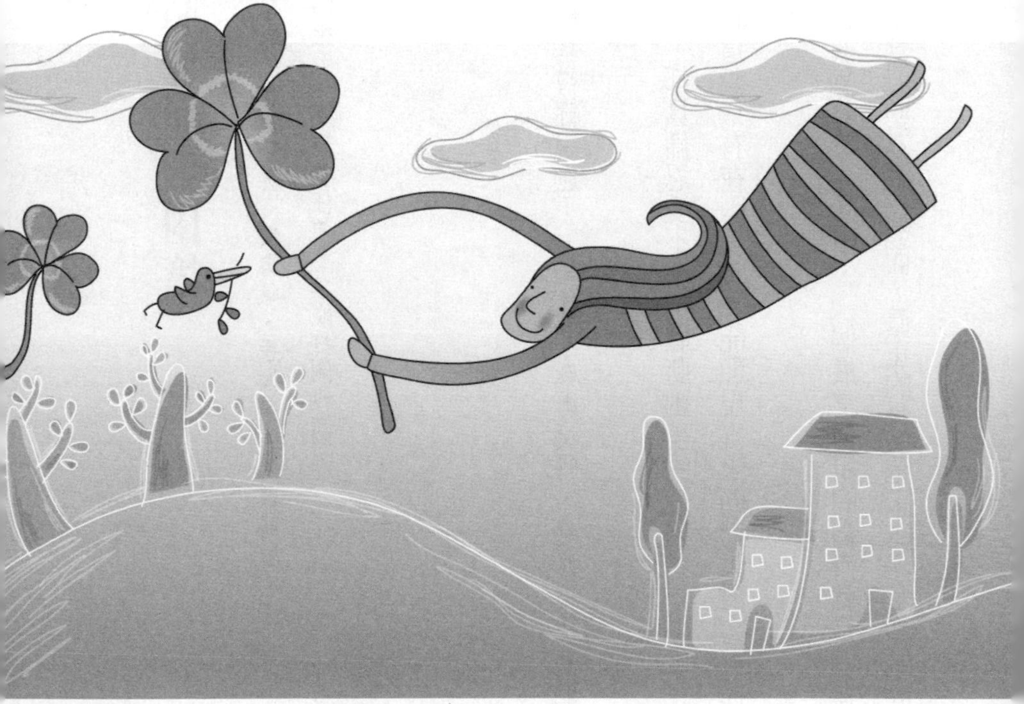

如果不能接收警示的提醒，
你將會直接面臨你的人生危機；
然而，當你及時面對問題，
自然有機會化危機為轉機。

用堅定的心境面對困境

學習面對、學會振作，只要心懷勇氣、手握希望，就能欣然接受命運的挑戰，就沒有任何不幸能打倒我們。

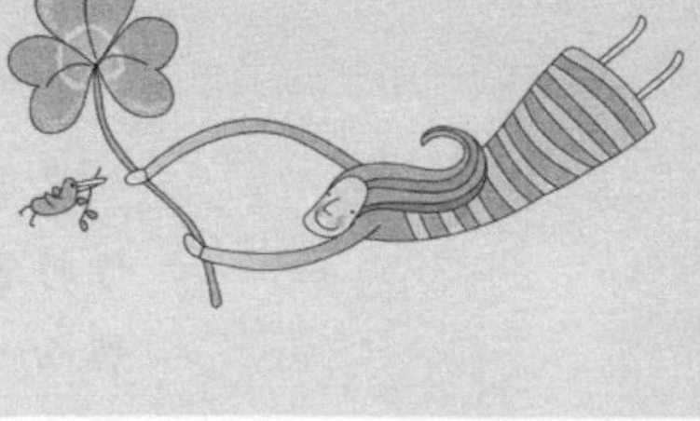

成功學大師卡耐基曾經說過：「人在身處困境時，適應環境的能力，通常比在順境時更為驚人。」

的確，只要是人，都具備忍受不幸，戰勝困境的能力，重點就在於你懂不懂得適時改變心境，將這股只有在困境時才能顯現出來的驚人潛力發揮出來，以便幫助自己走出困境。

失敗的人總會有很多藉口，其中，一個最常使用的藉口就是「運氣不好」，認爲都是上天的錯才害他們失敗。然而，眞正的失敗絕不是上天給予的不幸考驗，

而是自己已失去了鬥志。

哀莫大於心死，心死了、喪志了，就等於是把心裡的火苗熄滅，那就如失去動力的機器，不再能運轉，簡直和垃圾沒有兩樣。

可是，只要能保持希望，就是重新爲自己注入活力，就如再次把機器的動力打開，機器自能運轉如常。

因此，不幸並不能打倒我們，只有灰心喪志才做得到。

霍金是一位偉大的科學家，他令人尊敬的原因，不只是因爲他的智慧以及在科學上的貢獻，更因爲他是一位值得所有人效法的生命鬥士。

由於疾病的緣故，使得霍金在輪椅上生活了三十餘年。一次學術研討會會後，有人問他：「疾病令您必須永遠待在輪椅上生活，您不認爲命運讓您失去太多東西了嗎？」

這個突兀又尖銳的問題令現場頓時鴉雀無聲，眾人的目光焦點全部集中在那

位輪椅上的科學巨匠。

只見霍金的臉龐依舊掛著恬靜的微笑，以還能活動的手指，在鍵盤上敲出一個又一個指令，然後，由合成發聲的儀器將螢幕上出現的醒目文字傳送至每個人耳裡。

大家都聽見那個聲音這麼說道：「我的手指還能活動，我的大腦還能思考；我有終生追求的理想，有我愛和愛我的親人與朋友，對了，我還擁有一顆感恩的心……」

這一首短短的小詩，道盡了這位科學家的決心與毅力，以及永不向命運低頭的堅強意志。以一顆感恩的心，勇敢面對上天所給予的考驗，霍金以行動實踐自己的理想。

人們深受感動的，並不是因爲他曾經遭受苦難，而是他面對艱難時的堅定、樂觀和勇氣。人生如花開花謝、潮漲潮落，有得便有失，有苦也有樂；如果誰總以爲自己失去的太多，總受到這個意念折磨，那才是最不幸的人。

沒有人能保證自己永遠不受病痛所苦，沒有人能保證自己永遠不須面對離別，沒有人能保證自己會永遠快樂，沒有人能保證自己永遠不會遭逢失敗……。但是，這並不表示你只能怨懟命運，這也並不表示你不能堅強而快樂地活下去，當然更不表示你就要倒下，癱成一灘爛泥。

你可以學習霍金，以充滿感恩和希望的心境來重新面對問題，如此，你將發現，原來自己身邊還有那麼多人支持著你，你將發現，原來自己還能做到那麼多事情，你將發現，原來日子裡不僅僅只有一片灰色的絕望，你手上仍散發出金黃的希望。

學習面對、學會振作，是幫助我們向不幸做出勝利宣告的重要歷程。

只要心懷勇氣、手握希望，就能欣然接受命運的各種挑戰，就沒有任何不幸能打倒我們。

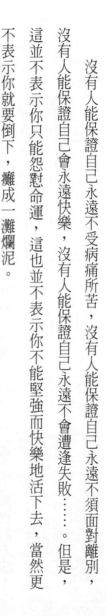

失敗的價值比成功更可貴

別害怕失敗，它帶來的果實不亞於成功的價值。只要能從失敗中尋找成功的啟示，在挫折中成長，就能成為下一個贏家。

有些人走「狗屎運」，賺了十萬塊時，就沾沾自喜，以爲運用同樣的方法，就能財源滾滾而來，忘了每一個收穫都必須付出相同的努力，只有不斷求進步的態度，才能往目標邁進。

換個角度想，失敗的經驗也是同樣的寶貴。只要能冷靜地面對眼前的困境，只要能從失敗中記取教訓，檢討過後找出新的出路，就算損失一百萬，也能獲得十億元的啓示。

羅森沃德於一八六二年出生於德國一個猶太人家庭，少年時隨家人移居美國，定居在伊利諾州斯普林菲爾德市。

羅森沃德的家境並不好，爲了維持生活，中學畢業後就到紐約的服裝店打工。他骨子裡有著猶太人艱苦奮鬥的精神，確信凡人都有出頭之日，只要選定目標，堅持不懈地往目標邁進，成功就會降臨。

「我要當一個服裝店老闆。」這是羅森沃德的奮鬥目標。爲了實現這個目標，工作時他留心學習，注意時尚動態，也不斷蒐集商業知識，閱讀相關書刊，主動向學充實自己。

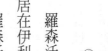

到了一八八四年，他認爲自己小有經驗且存了一些本錢，決定自己開設服裝店。他的商店生意很差，經營了一年多，把多年辛苦積蓄的血汗錢全部賠光了，只好關門停業。之後，羅森沃德垂頭喪氣地離開紐約，回伊利諾州去。

羅森沃德反覆思考自己失敗的原因，找出了緣由：服裝是人們的生活必需品，但也是一種裝飾品，既要實用，又要新穎，才能滿足客戶的需求。他經營的服裝店，不但沒有自己的特色，也沒有任何新意，再加上商店未建立起商譽，沒有銷售管道，難怪會失敗。

針對自己出師不利的原因，羅森沃德決心改進，進入服裝設計學校學習，也一邊進行服裝市場考察，特別針對世界各國時裝進行研究。

一年後，他對服裝設計很有心得，對市場行情也看得較清楚，決定重振旗鼓。他向朋友借了幾百塊美元，先在芝加哥開設一間只有十多平方公尺的服裝加工區，除了展示他親自設計的新款服飾圖樣外，還可以根據顧客的需求對已定型的服飾改進，甚至完全照顧客的口述要求重新設計服飾。

因爲他的服裝設計款式多，新穎精美，再加上靈活經營，很快得到客戶的欣賞，生意十分興旺。兩年後，他把自己的服裝加工店擴大了數十倍，改爲服裝公司，大量生產各種時裝。

從此，他的財源廣進，聲名鵲起，成爲美國最大的百貨公司——西爾斯婁巴克公司的大股東，同時也躍爲美國二十世紀商界風雲人物。

每一位成功人士，都是經歷不少失敗和挫折，才走向成功之路。很多人都曾經踏上這條艱辛的路，可是遭遇困難的時候卻不能沉著冷靜地面對，因而未能走到終點的，仍佔多數。

失敗雖然讓人難過，但是若因此喪志，就成爲眞正的「失敗者」了！

別害怕失敗，它帶來的果實不亞於成功的價値。

任何事做過了，都會有回報，只要能從失敗中尋找成功的啓示，在挫折中成長，就能成爲下一個贏家。

遭遇失敗，不一定就是壞事，不如換個角度看待，誠如日本商業界前輩原安三郎說的：「運用賺十萬塊的經驗，不見得能賺一億元，但損失一百萬元的經驗，卻能獲得賺十億元的啟示。」

帶著笑容面對人生的苦味

哀傷、憤怒都不能減輕苦味，帶著笑容面對，學習品嚐苦味的根源，如此才能慢慢品味出潛藏在苦處底下的甘甜。

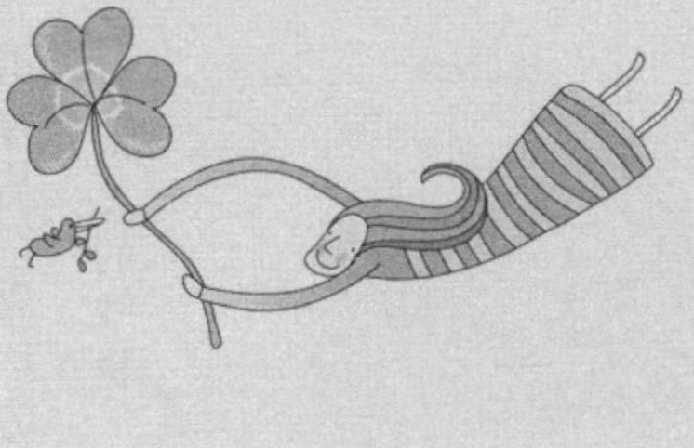

不知道有沒有人愛吃竹筍？

再新鮮的嫩筍也不會整支都是甜的，尖端末稍的部分總是嚐起來有點苦味。

小時候怕吃苦，每次喝筍湯的時候，總是刻意將稍老一點的筍子挑出來，就是不想吃苦。長大後，舌頭品嚐過的味道何只百千，現在，每到了冬春交界，就愛喝碗肉骨慢熬的清香筍湯，熱燙入口，苦味乍現，隨之而來的卻是一道直達喉嚨深處的甘甜。

人生，不也是如此嗎？如果眞的受不了半點苦味，那麼就永遠品嚐不了那道苦味後的回甘。

有一個年輕人正爲了他的感情問題所苦，原來他被迫要與女友分離，兩地相思。心情影響了表情，他整天愁容滿面、鬱鬱寡歡，彷彿失了魂一般。

他的教授見他如此，便把他找來，問清楚到底是怎麼一回事。他忍不住向教授傾訴心底的愁緒，說到最後還忍不住哽咽了起來。

教授聽完他的話，沒多說什麼，只是拍了拍他的肩說：「人生裡，有離別是好事啊！」

別人勸合不勸離，想不到教授反而說離別是件好事，這令這名年輕感到非常納悶，一臉茫然。教授笑了笑，對他說：「如果沒有離別，人就學不會珍惜相處的時刻，如果沒有離別，人間就再也沒有重逢的喜悅。從這個角度想想，難道離別不是一件好事嗎？」

年輕人似乎有點領悟教授所說的意思，反過來想，今天雖然不得不和女友分隔兩地，但是他會因此而不愛女友嗎？不會的，因爲距離的關係，兩個人不但不易產生摩擦，而且一回想起對方時，都是些美好的記憶。

這名年輕人想通後，重新打起精神，準備利用兩人目前僅剩的有限相處時光，創造出更多、更美好的回憶。

我們總認爲相聚才是幸福的，一提到離別便不免哀傷，但是如果相聚的時候並不能彼此交心，也不能相互體諒，總是爭執、怨懟，那這樣的相聚還能稱做是幸福嗎？愛，本來就不應隨著距離變淡，除非原本就愛得膚淺。

我們都清楚，如果不是因爲世事無法長久，我們永遠學不會努力珍惜所有；我們也知道，如果不是因爲分離，我們體會不到相處時的甜蜜。

人與人之間，就算再親密也需要保留自己呼吸的空間，整天綑綁在一起，只是互相牽絆罷了，何不把牽繫彼此的繩子拉遠一點？請放心，只有月老才看得見的紅線是不會因拉長而斷的。所以，就算君住長江頭，妾住長江尾，只要心知共飲長江水，不也如飲甘泉，甜在心中？

離別是苦，但是如果能得到重逢的甜，這點苦又算什麼？若是相處已出現了困難，離別不也正好是種解脫？所以，離別不過是種過程，真正的感受還是由自己決定，你能笑看別離，別離就影響不了你。

我們知道，生命裡總是有許多苦處等著我們，再怎麼哀傷、憤怒都不能減輕苦味，帶著笑容面對，學習品嚐苦味的根源，如此才能慢慢品味出潛藏在苦處底下的甘甜。就好像吃筍的人總愛吃筍尖，它最嫩也最苦，但是一旦苦味入喉，舌尖就只剩下甘味與滿足。

生氣不如爭氣，抱怨不如改變

人生裡有價值的事，並不是人生的美麗，卻是人生的酸苦。

——哈代

與其抱怨辛苦，不妨換個角度

何不試著不說辛苦？何不試著體會每一個過程中的樂趣？只要抱持著喜悅的心情去面對，你將不只是看到困難和辛苦。

有個朋友懷孕後依然繼續工作，每個禮拜也還是搭了好幾個小時的火車，到另一個城市上課進修，許多人第一次和她聊天，總是會關心地問一句：「這樣會不會辛苦？」

她總是微笑著說：「我不喜歡說辛苦耶，因爲辛苦都是自己找的。」

她的話讓我感動良久，眞的，人生裡許多辛苦的事其實都是自找的，如果不因爲執著，大可不必這麼辛苦。所以，懷孕不辛苦、工作不辛苦、上學不辛苦、煮飯不辛苦，因爲追根究柢，這些事都是你自己決定要做的。

傑森是一名高級主管，薪水很高，但是忙碌的工作剝奪他的休息時間，他總是覺得不平，爲什麼同樣在一個公司裡，有人可以每天輕輕鬆鬆像個沒事人一樣，而他卻得每天累得像條狗？

當他向一位朋友抱怨時，那位擔任商業顧問的朋友對他說：「不要因爲事情的麻煩而抱怨。你的收入多就是因爲工作麻煩、責任重大；一般人的工作不需要負什麼責任，做起來不麻煩，但相對的報酬也少。只有困難的工作才能帶來豐厚的報酬。」

不久之後，傑森剛好也在一本社會學家寫的書上看到一段耐人尋味的話，上面寫道：「以後，你將會有重大發現，那就是麻煩絕不是偶然出現的，而是麻煩就是人生。」他仔細回想起工作以來的心路歷程，這才發現朋友的話和書上的啓示，確實是有道理的。

當我們做了某一項決定，就意味著我們做了某一項承諾，也做了某一項犧牲。

當你決定加班，你就得待在工作崗位上，也決定放棄了和家人一同享用晚餐的機會；當你決定結婚，你就必須承擔起婚姻的責任，也決定放棄繼續追求其他異性的權利；當你決定離職，你就必須另謀出路，也決定放棄原本固定可擁有的薪水。不管是哪一項決定，都是你自己的決定，當你覺得過程非常辛苦的時候，請記得回想一下這句話，請記得：「每一條路都是你自己選擇的。」

所以，何不試著不說辛苦？何不試著體會每一個過程中的樂趣，想想每一次經歷的收穫？只要抱持著喜悅的心情面對，你看到的將不會是困難和辛苦。喜悅是金色的光，是清澈的水，是暖春的綠，它讓你有風的自然、雲的隨意，它會帶給你美麗的人生。

請記得：人生就是麻煩，可是麻煩的人生背後，將意味著自我的價值、豐富的收穫與肯定。

讓危機成爲改變人生的契機

如果不能接收警示的提醒，你將會直接面臨你的人生危機；然而，當你及時面對問題，自然有機會化危機為轉機。

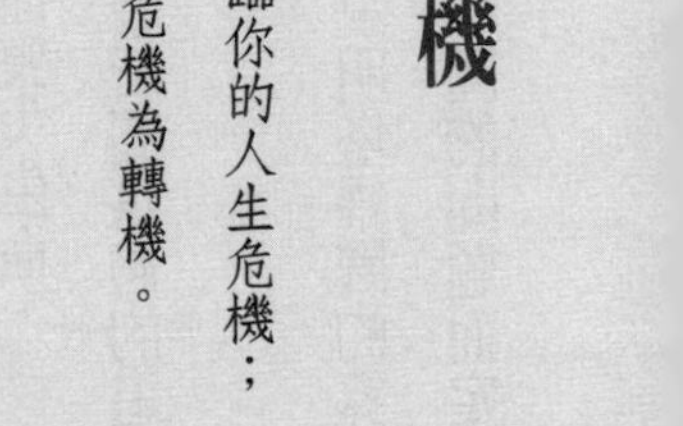

很多人都害怕聽到或看到危機，彷若危機一出現就代表了危險，就代表了絕望。其實，危機是一種警示訊號，能夠及早發現的人，才能夠及時扭轉乾坤，所以危機往往也是轉機。

前英國首相班傑明．狄斯雷利曾說：「死腦筋的相信命運，活腦筋的則相信機會。」

看看下面這則事例，我相信你更能了解這句話的涵義。

有個人很相信算命，也很喜歡算命，聽人說塔羅牌的算法很準，於是也去找了一副牌和一本說明書來算。

他依照指示洗牌、放牌，但最後算出來的結果竟是「死神」。他的心裡感到非常惶恐，也非常害怕，好幾天都憂慮得吃不下飯，最後更抱著塔羅牌自殺，失去了寶貴的性命。

了解塔羅牌的人都知道，塔羅牌裡的每一張牌都可以有正面和反面兩種解釋，當然「死神」這張牌也不例外，它雖然有死亡、結束的意涵，同時也有重生和重新開始的意思，這個人卻因爲自己過度無知而喪失生命。

這件事果然引起社會大眾的注意，更引發新聞媒體的追蹤與報導，振振有詞地指稱塔羅牌害人不淺。

當然，也很快就有命理專家出面澄清，說明塔羅牌的算法與解牌方式，並強調各種牌面其實有很多種解釋的方法，端看你問的問題而定，千萬不要只往單一方向解釋，以免再發生類似事件。

我們無須去質疑任何一種算命方式的準確性，但是，我們應該要抱持著正確的心態去看待。

天命是不可測的，所有算命出來的結果，頂多是上天給予的一種提醒，提醒我們去注意可能忽略、可能忘記的事情，所以即便算出的結果不好又如何，反正一切都還未發生，當然就有改變的機會。

當醫生說：「你如果再不改變生活方式，你就死定了！」你才會警覺到健康已亮起紅燈；當情人說：「你再不關心我，我們就分手！」你才會警覺到戀情已亮起紅燈。

當子女說：「你再不注意我，我就離家出走！」你才會警覺到親子關係已亮起紅燈；當你的事業虧損勝過盈收、客源大量流失的時候，你才會警覺到你的決策有錯誤、你的事業有危機！

如果，你不能接收這些警示的提醒，你將會直接面臨你的人生危機；然而，當你注意到這些提醒，能夠及時面對問題、改變原本的行進方向，自然有機會化危機爲轉機。

別害怕危機，因爲有危機才有轉機的出現，只有愚笨的人才將危機視爲災難，最終也果眞把自己逼上絕路。不過，相信聰明的你懂得利用危機，能夠從危機中分析出成功的機會，讓危機成爲改變人生的契機。

維持熱情，才能完成美夢

保持足夠的熱情，生命才有活力，努力過的人生也更有意義。
活得長，也要活得快樂，懂得生活，生活才能自由自在。

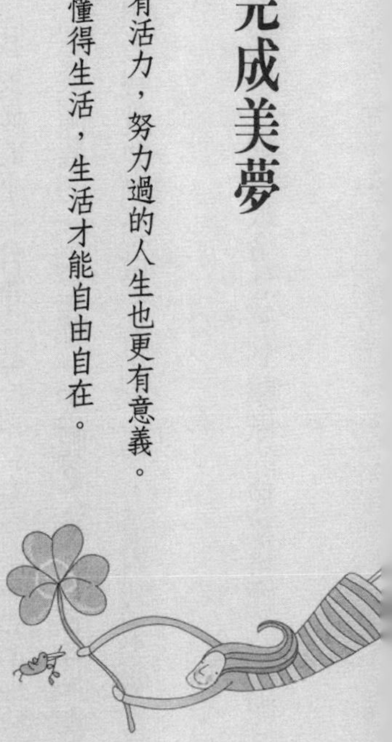

每個人都希望自己有所成就，因爲有這個想法，才能支持著我們不斷向前、不斷努力，只爲了能夠達成目標、完成美夢。

不知道大家有沒有發現，當我們全心投入一件事時，似乎怎麼也不會感到疲累，也不會覺得肚子餓，非得要專心把事情做完後全身才會放鬆下來。當然，等到事情完成，全身放鬆了，身體卻也感到加倍疲乏，而且除了身體的倦乏外，心裡好像也覺得有一點點空虛，忍不住會問自己：「眞的做完了嗎？眞的成功了嗎？」開心之餘，也難免有點不可置信。

所以，我們最好不要讓自己休息太久，如此才能掌握住那種積極邁進的情緒，做下一件事時才會更加專注。

有一位老先生一百歲了，身體還相當硬朗，滿堂的子孫在他生日時爲他舉辦了一個盛大的壽宴。

壽宴上有人問：「老爺爺，您這一輩子做了那麼多事，不知道您最得意的是哪一件事呢？」

老先生想了一下，說：「是我要做的下一件事。」

然後，又有人問：「那麼，您最高興的一天是哪一天呢？」

老先生回答：「是明天，明天我就要開始做全新的工作，這對我來說，是最值得高興的事。」

這時候，又有人問了：「老爺爺，那麼最令您感到驕傲的兒孫是哪一個呢？」

老先生的兒孫輩中，不乏知名人士，而前來祝賀的賓客更是絡繹不絕，但聽到這個問題後，原本場內熙熙攘攘的聲音一時間全都靜了下來，老先生的每一個兒孫都屏息等待，希望能從老先生口中聽到自己的名字。

結果，沒想到老先生竟然說：「我對他們每個人都很滿意，但是要說最滿意的人，現在還沒有。」

這句話一說出來，在場的人全都變了臉。

老先生有個曾孫，平時被人視爲非常有成就的青年，想不到這樣的成就與名聲仍得不到讚許，因此他第一個站出來，有點不甘心地說：「太爺爺，您這一輩子沒有做到一件最令您得意的事，也沒有過一天最高興的日子，也沒有一個最令您滿意的兒孫，那麼，您這一百年不就白活了嗎？」

小孩子出言不遜，立刻遭到幾位長輩斥責。

不過，老先生倒是不以爲忤，哈哈大笑了起來：「乖曾孫，過來，太爺爺說個故事給你聽。」曾孫子還兀自生著悶氣，但老先生已自顧自地說了起來：「有個旅人在沙漠裡迷路了，身上只剩下半瓶水，整整五天他都捨不得喝上一口水，最後，他終於走出了大沙漠。現在我來問你，如果他迷路當天就把所有的水喝完，你說他能不能走出沙漠？」

在場的許多人都搖頭，回答「不能」，於是老生生又問道：「爲什麼呢？」剛剛那個批評老先生的曾孫回答：「因爲他會喪失希望和意念，失去了這兩者，生命很快就會枯竭了。」

老先生聽完摸著鬍鬚，哈哈大笑地說：「你既然明白這個道理，就不該聽不懂我剛才說的話，因爲希望和意念也正是讓我生命不竭的原因啊！」

人生最怕得意，得意的人總是容易忘形，忘形的人總是特別容易出糗，出糗的人可別忘了一定要有所警惕。

故事中這位健康長壽的老先生，養生之道就在於始終保持對未來的期望，讓每一份對未來的期待，全部轉化爲豐沛的生命力，使得百年來的人生，天天過得精采快樂。

那我們人生追求的是什麼樣的夢想呢？我們是否也讓自己的夢想牽引著我們不斷前行呢？雖然腳下的旅程有些顛簸，但是一旦登上高峰，俯視而下的美景是否就讓腳下的辛苦舒緩許多了呢？雖然下山的路途仍然令人疲憊，但是返家的心情是否特別讓人愉悅呢？

每一次冒險、每一趟旅程都是在爲我們的生命維持熱情，保持足夠的熱情，生命才有活力，努力過的人生也更有意義。活得長，也要活得快樂，懂得生活，如此生活才能自由自在，也才不會白來這個花花世界一遭。

生氣不如爭氣，抱怨不如改變

生命如同故事，重要的不是它有多長，而是它有多好。

——塞內加

你可以決定自己要不要當英雄

沒有任何人可以要求別人犧牲，但是，每一位生活裡的英雄，都將在受惠的人心中永遠留下身影。

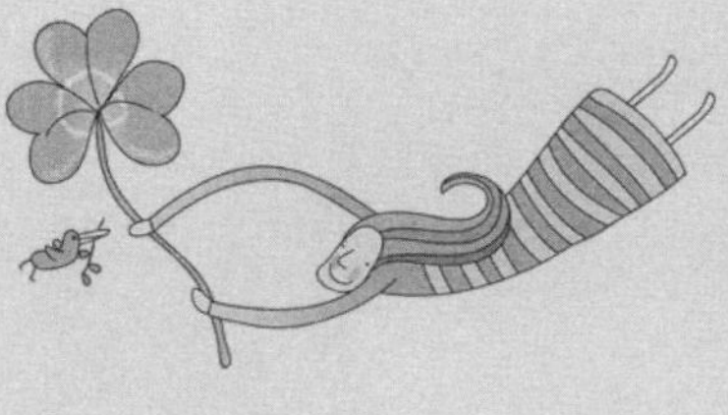

在佛洛伊德的精神分析理論中，提到人有兩種本能，一種是生之本能，一種是死之本能。

所謂「生之本能」，是指驅策人的每一個器官獲得愉悅與滿足的本能，如口腹之慾，如性慾的滿足；所謂「死之本能」則是在生之本能受到阻礙的時候，慾望過度累積而出現的自我毀滅行爲，如自殘、自殺。

然而，有時因爲生之本能的強力介入，往往會讓這股毀滅的力量由自身轉向他人，因此會出現暴力、攻擊、破壞、強暴等行爲。

以上這些是精神分析理論試圖解釋，人類歷史長期以來侵略與暴力層出不窮的原因所在。

慾望是人類的動力來源，但是慾望也同時需要控制，人類才不會因爲失控而造成混亂。

在佛洛伊德的理論裡，人是慾望的動物，言行舉止都受到慾望的操控，而所有違背慾望的行爲都是一種壓抑，一旦壓抑無法獲得抒發，就會催動死之本能。

可是，佛洛伊德的分析理論沒有辦法解釋的，是人類偶然會出現的高度自我犧牲行爲。在那樣的時刻，人格的超我極度作用，並將生之本能與死之本能都拋諸腦後。

在鐵達尼號即將沉沒的時刻，蓋根海姆先生毅然地將自己的救生衣送給一名女乘客；穿上燕尾服、繫上領帶，這名紳士就這麼從容地面對死神。

而堅定演奏到最後的樂隊，在船沉沒了之後，獲救的旅客心中似乎都還聽得見悠揚的樂聲。

無獨有偶的，一九一二年時，勞倫斯．奧茨隨著探險隊一同來到南極，他在行程中不幸被凍傷，只能跛足而行，可是南極的暴風雪即將來臨，探險隊卻還來不及撤離。

奧茨很清楚是自己拖累了隊友的腳步，於是某天晚上，他向隊友說想外出散步，更堅持不願同伴隨行，可是這一去，便再也沒有回到營地。

這些人都放棄自己生還的希望，違背自己的生之本能，成就他人活下去的機會。因爲難得，因爲不容易，所以特別受人尊敬，也特別令人感念。

每個人終究得面臨一死，只是有人轟轟烈烈，有人庸碌一生，這沒有什麼對錯，都是自己的選擇。

就好像故事裡的幾位人士，他們如果執意求生，不會有人覺得他們不對，但是犧牲自己成就他人的情操，才令人特別感動。

你可以認爲自我犧牲是種愚蠢的行爲，也可以認爲那是偉大高尚的情操，不論你的意見是哪一種，都沒有人有資格批評你想法是對是錯；而當面臨自我犧牲的時機，也沒有人有權利影響你的行爲，不論最終做出何種決定，一切都是你自己的選擇與決定。

沒有任何人可以要求別人犧牲，但是我們很清楚，每一位英雄，都將在受惠的人心中永遠留下身影。

生氣不如爭氣，抱怨不如改變

生活、苦難、孤獨、遺棄、貧困，這都是戰場，都有它們的英雄；無名英雄，有時比顯赫的英雄更偉大。

——雨果

沒有無藥可救，只有不敢回頭

能不能改變都是看自己有沒有心去面對問題，有沒有勇氣去改正錯誤，只要有心、有勇氣，再怎麼困難，也有機會成功。

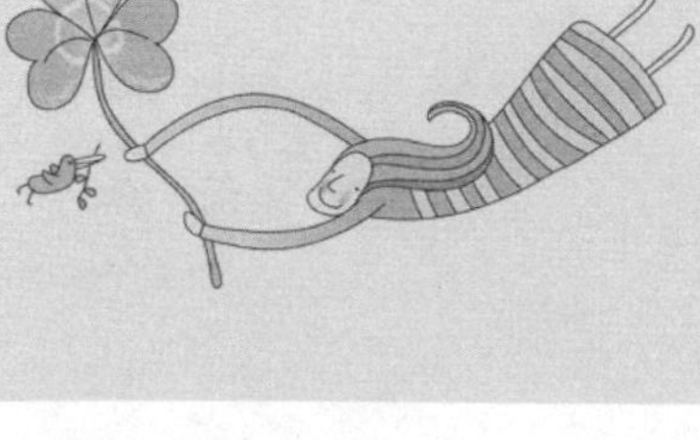

被視爲壞人的人是因爲他們做了壞事，很自私地爲了得到自己的利益，不惜傷害他人。可是，好人與壞人的分界不是絕對的，如果上天要帶走每一個壞人，那麼這個世界恐怕一個人也沒有了；如果上天願意給每個好人機會，那麼天底下每個人都能夠得到庇佑。

爲什麼？難道老天沒眼嗎？

不，那是因爲人是種複雜的動物，具有太多種面相。沒有絕對的好人，當然，也沒有絕對的壞人。

有一個故事是這麼說的：一個殺人越貨的強盜，某次和同伴結夥搶劫時，爲了行搶，朝被害人身上砍了三刀才成功把錢搶到手。同伴見他得手，立刻要他快跑。

他搶了錢，跑了幾步，又突然折回來，蹲下身，小聲地對倒地不起的被害人說：「捂住傷口，別喝水！」

而另一個搶匪逃到了車站，在火車上順手扒了一個女人的錢包，就在火車到站他急著下車逃離現場時，突然在月台上聽見一陣悲淒的哭喊聲，他一回頭，便發現哭聲來自被他偷了錢包的女人。

那女人坐在地上難過地哭著，背上的女娃娃和手邊的小男童睜著無辜的大眼，不知道媽媽發生了什麼事。

當他發現時，自己已經朝那位婦人身邊走去。他問：「這位大姐，爲了什麼事哭得這麼淒慘呢？」

那女人哭得一把鼻涕、一把眼淚，哽咽地說：「我的丈夫離家工作，已經一年多沒消息了，上個禮拜突然寄來封信，說是要和我離婚。我氣極了，賣了兩頭豬好不容易湊足旅費，想帶著孩子去找他理論，誰知道錢竟然不見了！這下該怎麼辦啊？沒有錢我怎麼找他？我和兩個孩子又該怎麼辦？我真是命苦啊！」那女人想到苦處，悲從中來，又止不住眼淚了，這下子連兩個孩子的眉頭都跟著皺了。

他突然覺得口袋裡的錢包變得異常沉重，扶起哭得肝腸寸斷的婦人說：「大姐，別哭了，掉了錢哭也沒有用，不如找警察報案，還是說妳再找找，看看是不是放到哪去了。」

女人的哭聲停了，將行李袋打開查看，他也在一旁幫忙翻找。

「看，是不是這個？」他的手上翻出一個小布包。

「對，這就是我的錢包，感謝老天爺啊！」女人立刻將布包緊緊揣在胸前，滿臉感激地說：「謝謝你，謝謝你的幫忙！」

「別客氣！」他點點頭，又從口袋裡掏出兩張鈔票，塞進婦人手中，說：「這給孩子們買東西吃吧。」說完就掉頭離開了。

告訴大家這個故事不是要爲壞人辯駁，畢竟壞就是壞，傷害就是傷害，是無法彌補的。只不過，再壞的人也有可能做好事，雖然那些偶然的善行並不能消弭他的罪行，但是善就是善，好就是好，同樣也無法被抹滅。

或許，我們可以歸納出來一個結論，每一個人都有善的本質，也有惡的本質，端看我們的心如何做抉擇。換句話說，一個好人有時在形勢所逼之下，很有可能會做出壞事；而一個壞人不管他願不願意，必要的時候，也有可能做出好事，所以究竟怎樣叫好？怎樣叫壞呢？

我們可能無心犯錯，我們可能有心報復，只是不管是無心、有心，重要的是我們必須爲自己的行爲負責。

傷痕是一種難以抹去的記號，提醒我們曾經受過怎樣的傷害，至於原諒，得等到痛楚眞的淡了之後才可能辦到。傷害是容易的，祈求原諒是困難的，要減少這種困難，得先學習減少傷害。痛楚在每個人身上都一樣，所以唯有從別人的角度設想，才能夠在傷害別人的惡念頭冒出來時，就立刻拔除它；只有發揮同理心，這個世界才有眞正的和平，人類也才能得到眞正的幸福。

我相信世界上沒有絕對的壞人，因爲他們心中必然也有善的念頭萌生；也相信沒有無法回頭的浪子，因爲不管回頭時要面臨多大的困難，只要有向善的意念就能回得了頭。

正因爲沒有無可救藥的本質，所以能不能改變都是看自己有沒有心去面對問題，有沒有勇氣去改正錯誤。任何事，只要有心、有勇氣，再怎麼困難，也有機會成功。

生氣不如爭氣，抱怨不如改變

頂不住眼前的誘惑，就失掉了未來的幸福。

——泰戈爾

PART 3

你可以決定如何面對環境

我們無法控制外在環境的變化，
但是我們可以掌控自我的決定，
為自己的人生下決定，
你就可以不用被選擇。

你可以決定如何面對環境

我們無法控制外在環境的變化，但是我們可以掌控自我的決定，為自己的人生下決定，你就可以不用被選擇。

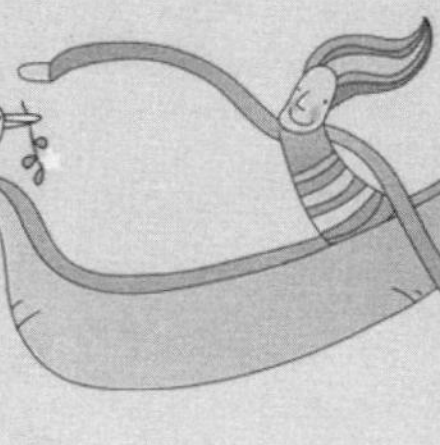

每到了畢業季，就會帶來一陣求職潮，莘莘學子們帶著學習的成果走出校門，投身到職場上。

有很多人害怕找工作，也害怕換工作，不是因爲能力不夠，也不是因爲實力不足，但就是討厭那種被人挑選的感覺。

其實，有很多時候你可以不用被選擇，因爲決定權還是在你手中。

有一家工廠由於生產量和市場需求量銳減，面臨大量虧損，不得不裁員以解決資金窘迫的困境。於是，廠方要求每一個單位都必須淘汰一名員工，下令由各個單位自行評比，績效最差的員工即面臨資遣的命運。

工廠中的倉管單位一共有五名員工，清一色都是四十多歲的女工，這幾個同事是差不多同期進公司，平時感情很好，在工作上也都表現得不錯，但是這一波裁員風暴逼使她們一定得做出一個決定。

倉管單位的組長開會回來時，心情很沉重，經與組員們討論後，大家認爲反正總有一個人要走，不如用投票來決定吧。於是，組長發給每個人一張白紙，各人分別在紙上寫下一個名字，票數最多的則自動離開。

開票的結果令在場所有人都很驚訝，因爲五張紙上竟分別寫了五個名字，原來每個人都在紙上寫下自己的名字。

看到這個結果後，她們感動地抱在一起，爲了彼此的體諒與情誼而感動流淚。

決定的日子到來時，公司竟同時收到她們五個人的辭呈。離職後的第二天，她們聚在一起商量對策，可是，她們除了多年來的倉管經驗，五個人只有煮飯燒

菜這件事拿手，於是決定合資開個小吃攤。憑著共事多年的默契與分工合作之下，小吃攤竟也做得有聲有色。

好吃的料理加上良好的管理模式，原本的小吃攤漸漸有了店面，規模也越來越龐大。再過了幾年，原本的小吃攤已經發展成連鎖餐飲店了。

面對問題時，我們不會只有一種因應方式，我們不一定要把選擇權交出去，我們可以不用被選擇，一切由自己決定。

雖說計劃永遠趕不上變化，但那又如何呢？隨時修正計劃的方向，不也是一種積極的應對？

沒有風暴的人生是難以進步的，生活中的風浪往往能幫助我們成爲更好的泳者，所以，不要怨懟環境帶給我們的挫折，只要努力渡過這場風暴，明天的我們將會更加堅強。

就好像故事中那幾位婦女，若不是遭逢了裁員危機，又怎麼有機會明白原來自己是有能力經營一個事業的？如果她們不曾爲自己做了最後的決定，又怎麼會知道她們的人生可以有不同的轉折與發展？

我們無法控制外在環境的變化，但是我們可以掌控自我的決定，可以選擇要如何反應，可以決定要以什麼樣的態度來應對環境變化，所以最終決定權是操控在我們手上的。

對自己的人生負責，你就能更加明快地爲自己做出決定，與其花時間怨天尤人，不如把時間拿來思考自己下一步的佈局。爲自己的人生下決定，你就可以不用被選擇。

生氣不如爭氣，抱怨不如改變

我為自己的生存負責，我對生命所做的決定與選擇直接影響到我的生活品質。

——凱薩琳．安卓斯

換個念頭，就能活出自我

換個想法、換個念頭，就能活出自我，你的生命想要得出什麼樣的價值，其實決定權是掌握在你自己的手裡！

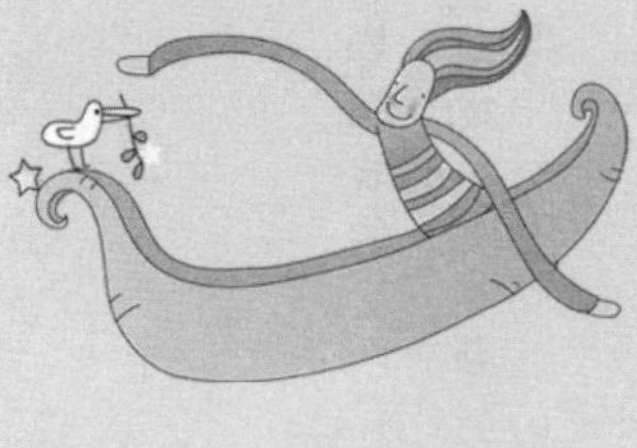

你覺得生活索然無味，這個花花世界不值得你留戀嗎？如果你對自己的生活不滿意，那麼你應該試著主動改變你的生活模式。

因爲，重點不在生活本身，不在外在環境的限制，而是在於你是怎麼想的，怎麼看待你的生活。如果不知變通，就等於是把自己的活路走窄了；不懂轉彎，就是逼自己往死路上走，這不是命運使然，而是一種自我放棄。

請記住，生命的意義不是靠別人給予的，而是要靠自己定義。

有個年輕人因爲失戀的打擊而一蹶不振，甚至有了輕生的念頭。在自殺之前，他打了一通電話給最要好的朋友。

電話一接通，他就意態闌珊地對朋友說：「我失戀了，整個世界對我來說好像都失去了意義，活著眞的讓人好厭倦，我們下輩子再做朋友吧！」

他的朋友聽了，連忙勸他想開一點，只是他一點也聽不進去，鐵了心似的，朋友越是勸他，他越堅定輕生的念頭。

其實，朋友所住的城市正在鬧水災，爲了救災已經忙得焦頭爛額，見他如此冥頑不靈，漸漸的也感到不耐煩了，於是問他：「那你打算怎麼死？」

他乾脆地回答：「吃安眠藥。」

朋友聽了，嘲笑著說：「哼，眞是懦夫！既然你要死，我也不攔你了。不過，我有個建議，與其要吞安眠藥自殺，還不如來我這裡幫忙抗洪救災，看你是要累死、渴死還是要餓死都隨你，至少還可以幫助一些人，如何？」

他一聽愣住了，不過仔細想想，覺得朋友說的有道理，這樣的死法似乎也光彩一點，於是搭了幾百公里的車來到朋友所在的城市「送死」。

他來到大河邊，只見洪水洶湧駭人，有數不清的人正在幫忙築堤，每個人身上、臉上都沾滿了泥漿，分不出誰是誰。他立即和朋友會合，兩個人馬上投入救災的行列。他爲求能早點累死，專挑最重的沙包扛，跑得也特別快，當別人休息吃飯時，他則是滴水不進。

就這樣，不過五、六個小時他就倒下了，在倒下的那一刻，他本能地說著：「水……水……」

而後，他在醫院的病床上醒來，被鮮花和掌聲圍繞，人人稱讚他是一名救災的大英雄，可是他卻備覺羞愧，說自己不過是個受不了失戀打擊的懦夫罷了。

可是，大家都當他在開玩笑，紛紛笑了，連朋友都露出了笑容，因爲他已經從懦夫變成英雄了。

人的思維主宰了人的行爲，越是鑽牛角尖，越會覺得前後失據、進退維谷，想得多的人就會覺得人生無味了。然而，無味的豈是人生？是我們自己把生活過得無味了。生命的價值其實是靠自己給予的，你對自己的人生毫無想法，你的生命就沒有目標、索然無味；你若是想要得到一個不平凡的生活，你就能夠活出精采萬分的人生。

換個想法、換個念頭，就能活出自我，活出更有意義的人生。你想要擁有什麼樣的生活，你的生命想要得出什麼樣的價值，其實決定權是掌握在你自己的手裡，與其再埋怨生活平淡無味，不如就從現在起給自己的生活一個方向，一個意義吧！

生氣不如爭氣，抱怨不如改變

處理生活只有兩種態度，做個犧牲者或是英勇地作戰；採取主動或是保守反應；是自己出牌或是受制於人。

——茉爾・謝因

人生無絕路，只有不會找路的人

當你面對走不出的困境時，不妨先靜下心來，仔細觀察週遭，說不定就能發現之前被你遺漏的救命繩索喔！

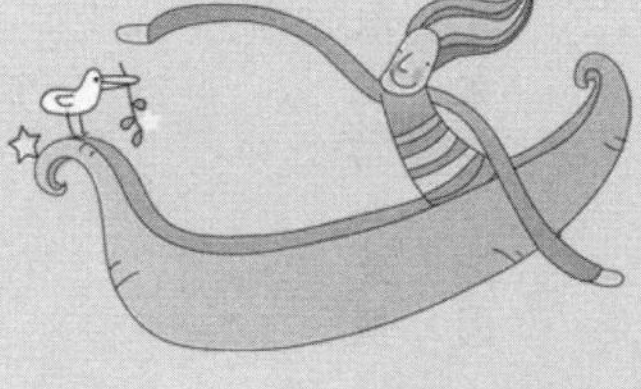

行至水窮處，坐看雲起時，路走到了盡頭，只能絕望嗎？不至於吧！坐下來休息一會兒，或許你還能發現其他隱藏的小徑，或是乾脆回過頭來欣賞另一邊的風景。

任何事情都會有轉圜的餘地和努力的空間，任何困境也一定會出口。

人生總會有出路，絕路都是自找的；天無絕人之路，只有人才會自我設限、自甘放棄生路。

中國有句相當有趣的諺語這麼說道：「困難是石頭，決心是鋤頭，鋤頭敲石頭，困難就低頭。」

其實，處在困境裡的人，比在順境裡更能堅持不屈，那些卓越的人，優點正是越在不利與艱難的困境裡，越能百折不撓，越在自己遭遇困境時，越能適時改變心境，幫自己找到走出困境的出口。

書法名家于右任自年少以來飽經滄桑，一路浮沉，但是他卻不曾放棄追求生命的美好，特別認眞鑽研書法藝術，在政壇上也有一番成績。他爲人淡泊名利、榮辱自安，是以享年高壽。

曾經有不少人向他請教過養生之道，據說，他總是指了指客廳裡高懸的字畫，然後笑而不言。

那是一幅寫意的荷花，畫旁掛了一幅對聯，上聯寫著：「不思八九」，而下聯則寫：「常想一二」，橫批爲「如意」二字。

常言道，人生不如意之事十之八九，換句話說，至少有十之一二的如意事吧！于右任先生這是在告訴大家，別去想那不如意的八九，要多想想如意的一二，心態樂觀，日子自然過得開心如意了。

如果總是被物質慾望驅策，對事情總是患得患失，凡事只看悲觀的一面，自然會覺得前途無光、寸步難行。

但是，若能常懷感恩，多想想事情光明的一面，那麼便多了幾分支撐自己的力氣，事情也就能越做越順心了。

感到悲觀的時候，把你的心中清出一塊空間，你就不會經常因心裡的塵埃過敏，那些困擾你的髒東西、讓你不舒服的臭玩意兒，你爲什麼還要留在心底，跟自己過不去呢？

找個時間幫心靈做一番大掃除吧！

不要的、沒用的、討人厭的、煩人的……東西全部統統丟掉，你會發現你的心裡其實還有很多地方可以容納美好的、快樂的、開心的、趣味的……東西，你可以過得快樂，也可以過得沮喪，你想要哪一種呢？

命運最頑皮的地方，就是讓一個人以爲走上了絕路，卻還留了一條救命的繩索；讓一個人以爲從此步上康莊大道，卻不小心被地上的土坑絆倒。當發生這種情況時，你只有兩個方法，一個是多留心，及早發現、及早避開；一個是爬起來、繞過去；坐在地上哭泣是絕對沒有用的。

天無絕人之路，只有不懂得看路、找路的人。

所以，當你面對走不出的困境時，絕對不要輕易就放棄了，不妨先靜下心來，仔細觀察週遭，說不定就能發現之前被你遺漏的救命繩索喔！

生氣不如爭氣，抱怨不如改變

世界上的痛苦總有它的盡期。

——普希金

用心去體驗，幸福就在你身邊

不要只用感官來體會幸福，不要妄想用金錢打造幸福，用心去感受，那你就會發現其實幸福就在你身邊。

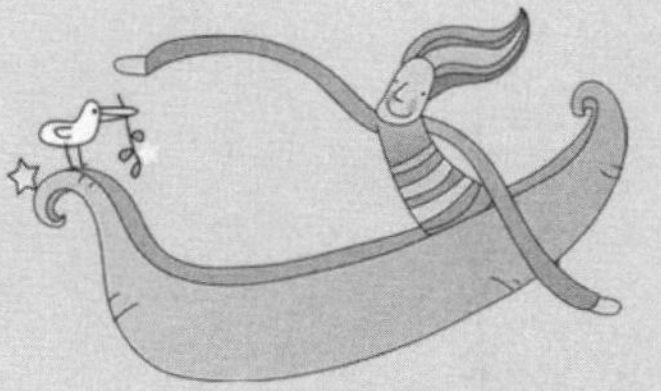

人之所以不幸福，是因爲對於幸福的定義太過執著。很多人以爲幸福就是有用不完的錢、享不盡的富貴榮華，其實幸福的樣子並不是用物質堆砌出來的，而是某一刻愉悅的感覺流過心頭，那就是一種幸福。

所以，遇見多年不見的老友，一起渡過愉悅的下午時光，是幸福的；抱著小孩，一起讀一本兩個人都喜歡的故事書，是幸福的；爲心愛的人烹煮一頓晚餐，看著對方滿足的吃相，是幸福的；工作的表現受到上司肯定，是幸福的；假日時，牽著狗在公園裡悠閒地散步，是幸福的……

有一位盲人參加一場音樂會。他聆聽著交響樂時而凝重低緩、時而明快熱烈、時而暗沉、時而輕揚的節奏，忍不住在中場時驚喜地告訴身旁的朋友，他從音樂裡看見了山川，看見了花草，看見了風和日麗……

一位失聰的孩子隨著父母來到畫展看畫。他走過一幅幅作品，每一幅畫他都十分仔細地看著。

當他們看完畫，他忍不住笑著對父母說：「我聽到了喔！聽到了小鳥在唱歌，也聽到了瀑布轟隆隆的水聲，還有風輕輕吹過的聲音……」

是的，感官所失去的，其實可以由另一種感官來補償、來獲得，只要我們願意用心去感受。

有人因爲曾經擁有的東西卻失去了而感到苦惱，始終沉迷在過往的美好中無法自拔，因此對於現狀始終不滿、總有怨言。但是，你眞的失去一切了嗎？你眞的一無所有了嗎？

如果你的頭頂上還有屋瓦幫你遮風擋雨，晚上還有暖被可以禦寒，三餐還有著落，身後還有一雙手擁抱你……，仔細想想這些，你會發現其實自己還是擁有很多的，只是你從不曾發現，只是你總將它們視爲理所當然。

莎士比亞在《威尼斯商人》裡寫過這麼一句話：「外觀往往和事物的本身完全不符，世人卻容易為表面的裝飾所欺騙。」

或許，我們不是被人矇騙，而是選擇自我盲目跟隨，只看自己想要看的，卻忽略了真實。

我們或許應該重新思考一下人生的價值是什麼，是物質的追求嗎？是名利的獲得嗎？

得到這些我們就能滿足了嗎？

你仔細想想，會發現其實不是這樣的，滿足了初步的慾望，很快就會有下一

步的需求，而後就會陷入始終無法滿足的惡性循環之中，於是快樂就在每一個渴求不得的沮喪之中，消失無蹤。

如果，你真的失去了許多，難過是應該的，沮喪也是理所當然的，但是宣洩情緒過後，是否就該振作起來了呢？過去失去的，難道不能用未來來填補嗎？一味埋著頭傷心，就看不見下一個出現的機會。

幸福有著多種多樣的面貌，也可能來自任何事物。

不要只用感官來體會幸福，不要妄想用金錢打造幸福，用心去感受，那你就會發現其實幸福就在你身邊。

生氣不如爭氣，抱怨不如改變

一無所有的人是有福的，因為他們將獲得一切。

——羅曼羅蘭

讓善念在每一個心靈間流通

試著從自己將善的念頭傳播出去，進而影響別人，開啟他人心中關住善念的那扇門，相信美善的世界就不再只是個空想。

在心理學上有個名詞稱叫做「破窗效應」，意指一條街上如果有一扇窗被打破之後置之不理，不久之後，其他的窗子也都會被打破。又或者，如果有一面牆遭到塗鴉但沒有立刻清洗乾淨，不久之後，所有的牆都會被塗得亂七八糟。

這個例子不禁令人想起一個笑話。有人把髒污的牆壁重新粉刷乾淨之後，特地在牆上寫了一句「此處不准亂寫」，希望大家不要再在牆上亂畫。結果第二天，牆上就多了一句「爲何你先寫」，語意相當挑釁；過了不久，又有人出來打圓場了，牆上因此多了一句「他寫由他寫」，只是，這麼一來可就不得了了，不知是誰又補上一句「要寫大家一起寫」，於是牆上再度被塗得亂七八糟。

但是，換個角度想，只要一直保持乾淨的牆面，就很少有人願意去弄髒它；相同的，在整齊乾淨的街道上，亂丟垃圾的人必定遭到他人斜眼相對，甚至會有人出面制止。

所以，嚴刑峻罰不一定就能收到立竿見影的效果，有時候，透過潛移默化反而成效更彰。

在某個小學裡有一個小女孩，身上總是髒兮兮的，衣服也總是邋裡邋遢，蓬頭垢面的模樣，讓人看了直皺眉頭。

可是，在可怕的外表之下，她的老師知道她是個可愛的小女孩，唸書時也很用功，對人也很有禮貌，所以她的老師希望小女孩能有所改變，讓大家看到她優秀的一面。

老師把小女孩找來，幫她擦了擦臉，又梳了梳頭，對她說：「看！多可愛的小女孩啊！明天妳自己洗洗臉好不好？」

小女孩看著鏡子裡乾淨整齊的自己，認眞地點點頭。

第二天上學時，小女孩果然洗了臉，也梳了頭，可是身上的衣服還是髒兮兮的。老師心想，這孩子的家長也未免太不關心自己的孩子了吧，於是又找了個機會，將一套乾淨的藍色連身裙送給小女孩，告訴她說希望她能每天穿得乾淨又整潔。

小女孩把衣服穿回家，告訴媽媽老師對她說的話。她的母親看見小女孩乾淨可愛的模樣，突然覺得家裡處處凌亂的樣子，實在與女兒格格不入，於是母女倆開始爲家裡做一番大掃除。

出外找工作回來的父親看見家中的改變，心裡也覺得很訝異。

吃過晚飯以後，母親開始擦洗地板，小女孩則幫忙收拾餐桌，母女倆忙進忙出的模樣讓父親也坐不住了，於是拿起維修工具，去把那道壞了好久的後門好好修理一番。

就這樣，一個小小的改變，讓整個原本髒亂的家庭都動了起來，最後有了煥然一新的面貌。

其實，每個人的心裡有都一塊善的角落，只要能夠開啓那道門，就能讓人表現出善良的行爲。

見賢思齊不僅僅是一句口號，也是一種自然的人格趨向，看見別人的好，就會讓我們產生想像他一樣好的念頭，這些都是良好的影響。

可惜，每個人的心裡也都有一塊惡的角落，這個角落裡充斥著懶惰、姑息和無所謂，而且一旦找到同伴，惡的力量也會跟著強大起來。

「反正別人也一樣」這個念頭一起，我們就會姑息自己小小的惡行，也會爲自己錯誤的行爲找藉口。

所以，要如何讓善良的念頭在每個人的心中流傳，而不讓惡的念頭有機會升起，是我們每個人所要努力的方向，也是讓這個世界更美好的唯一方法。試著從自己將善的念頭傳播出去，進而影響別人，開啓他人心中關住善念的那扇門，只要如此，相信美善的世界就不再只是個空想。

生氣不如爭氣，抱怨不如改變

善良的行為有一種好處，就是使人的靈魂變得高尚了，並且使它可以做出更美好的行為。

——盧梭

寬恕，是爲了解脫自己的痛苦

為了你自己好，就讓可惡的對方自生自滅吧，對方從此都與你無干，讓你的心從痛苦中解放，獲得真正的自由。

你會不會因爲某些人做了過分的事而感到生氣，甚至有時候會因爲太過生氣了，所以決定無論如何都不原諒對方，希望能給對方一個教訓。

可是，你應該也明白，「原不原諒」只有對在乎你的人才有意義，對於那些不在乎你感受的人，就算你一千年都不原諒他們，一萬年都不理會他們，他們也是不痛不癢。結果，最後生氣的人還是你，氣壞了的人也還是你，最倒楣是那些被你遷怒又眞正在乎你的人。

有一句話這麼說：「一隻腳踩扁了丁香，它卻把香味留在那腳跟上，這就是寬恕。」或許，你不需要有如此犧牲奉獻的精神，也不需要刻意爲別人設想，但是，你一定要知道，寬恕眞正的目的其實是爲了要讓自己活下去。

曾經有過這樣一個報導，有一位精神異常的患者持槍衝進湯姆的家，射殺了他兩個花樣年華的孩子，面對這突如其來的橫禍，湯姆的人生從此陷入痛苦與憤怒之中，即便兇手被判了死刑，也沒有減輕湯姆的傷痛，因爲他的孩子仍舊無法活過來。

從剛開始的不能接受，到徹底的憤怒、怨恨，到痛苦難過，以至於麻木喪志，湯姆經歷了許多人無法想像的痛苦歷程，每每一想到那個可怕的夜晚，他的心情就無法平靜。

後來，在朋友的百般勸慰下，湯姆總算漸漸走出傷害的陰影，隨著時間的流逝，心頭的傷雖然結痂了，卻永遠不會消失。但是他已經不再憤怒了，甚至試著不去怨恨兇手，因爲唯有如此，他才能漸漸淡忘傷痛。

湯姆開始將自己所有的時間拿來幫助別人，在輔導受害者家屬的過程中，他努力幫助許多人走出生命的陰影，同時也幫助了自己。

他總勸對方說要學會寬恕、學會原諒，剛開始，大多數人都和從前的他一樣難以接受，但是他卻說：「原諒，是爲了拋開憤怒；原諒，是爲了釋放自己；原諒，是爲了希望自己能夠好好活下去。原諒與寬恕不是爲了那個可惡的兇手，而是爲了自己。」

會傷害他人的人是可惡的，但是傷害已經造成，不論是心存報復或是含恨在心都會迫使你不斷回憶那段傷痛的過程，難道你還要讓對方繼續傷害你嗎？

如果你不先放手，受苦的終究只有你而已。

我們無法否認，人生中就是會有一些令你心碎難過的事，令你感到悲傷、感到孤寂、感到無助、感到絕望，但是如果你不肯將自己從悲傷絕望與無助孤寂之中解放出來，誰又能拯救你呢？

或許，你以爲「我絕不原諒你，一定要讓你沒好日子過」的做法，可以讓對方感到痛苦，但是最終沒好日子過的人可能只有你自己而已。

既然他都能不顧念你的想法而傷害你，又怎麼會爲了你的不肯原諒而感到愧疚呢？做錯事的人有很多都不覺得自己有錯，即使你百般責備他，他也絲毫不知反省，那繼續在意他的你，豈不是更痛苦難過？

你可能沒有辦法控制別人的行爲，但你能控制自己的想法。爲了你自己好，就讓可惡的對方自生自滅吧，對方的好與不好從此都與你無干，讓你的心從痛苦中解放，獲得眞正的自由。

生氣不如爭氣，抱怨不如改變

能寬恕別人是一件好事，但如果能將別人的錯誤忘得一乾二淨，那就更好。

——勃朗寧

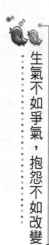

用感恩的心情經營自己的人生

表達善意就是邁向良好人際關係的第一步，只要以感恩的心情和誠懇的態度去待人處世，和諧的人際關係自然會出現。

善意是可以流傳的，因爲當一個人接受善意的對待後，便會在心底埋下一顆善念的種子，當他看到另一個需要幫助的對象時，這顆種子就會發芽，促使他適時伸出援手。

每個人總是會有緊急的時刻，如果剛好有人能夠及時伸出援手、提供援助，對於受惠的一方來說，必是加倍感動。

這是人與人之間最爲和諧的一種關係，沒有逼迫也沒有指使，是一種自然而然、油然而生的感動，引導著我們的行爲。

書畫家黃永玉曾提過自己少年時期渡過的難忘時光。

他十幾歲的時候剛到上海，人生地不熟，生活和讀書也都沒有著落，幸好遇上一戶善良的人家。

這對夫婦不只讓他借住，更提供他大量的書籍，強調書房中的所有書籍都能讓他閱讀。

黃永玉在那裡斷斷續續地住了兩三年的時間，每年一到除夕，夫婦倆總是等著黃永玉一同來跟他們過年。

在黃永玉的印象中，那個家的院子裡總是開滿梅花，等到下雪時分，坐在院中靜靜地看著落雪與白梅，很寧靜，也很美。

在那幾年的除夕裡，不管人在多遠的地方，不論要走多久，不管時間有多晚，黃永玉總是趕著回到那個家裡去，和那對夫婦一起享用年夜飯，一起在院裡賞梅賞雪。

到了第三年，等黃永玉趕到的時候，已經是大年初一的凌晨了。一進門，他就發現桌上擺著各式年菜，更擺妥了一個碗、一雙筷，分明仍在等著他一起吃年夜飯，黃永玉當時心中的感動可想而知。

回憶這段往事時，黃永玉曾說：「人生總是這樣，一個人會遇到很多好心人，這些好心人會在你困難的時候，伸出援手來幫助你。因此，做人要感恩，感恩生命，感恩人，感恩很多幫助過自己的好心人。」

我們不是一個人獨自活在這世界上，我們得以順利地存活下去，除了靠自己的努力之外，還有許多人在有形或無形中支持著我們，相對的，若能行舉手之勞、助人一臂之力，就能把自己接收到的善意傳遞下去。

我們總是能獲得善意的對待，所以在心頭暖和的時候，別忘了繼續將這份溫暖傳遞出去，讓更多的人感受到溫暖。一個微笑的鼓勵，一個輕輕的拍肩，就能將心裡的溫度傳達出去。

每個人都期待自己能擁有和諧的人際關係，表達善意就是邁向良好人際關係的第一步，只要以感恩的心情和誠懇的態度去待人處世，和諧的人際關係自然會出現。

要追求財富，也要珍惜身邊的幸福

放眼望盡天上的星光時，也別忽略身旁溫暖的眼光。珍惜身邊的幸福，你將會發現生命的美好早已出現。

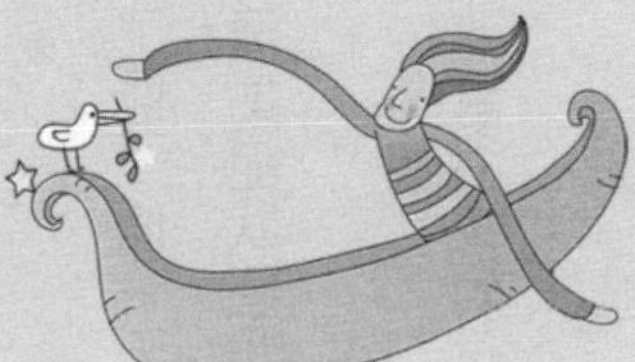

在你的生命裡，什麼是最重要的？是工作？是金錢？是家人？還是健康？

坦白說，這個問題對每個人而言都是非常難回答的。因爲，我們當然希望每一種都能擁有，我們當然希望每一個層面都能兼顧，但是，我們顯然很難讓所有事都照著自己的意思走。

有一位計程車司機受盡經濟拮据的困擾，立志要發奮賺錢，他相信一旦賺得了一百萬，就能夠擁有幸福。

於是，他開始幾近瘋狂地投入工作，一年三百六十五天裡，沒有一個假日是和家人一同度過的，更遑論和朋友聚會聊天。他甚至沒有眞正好好吃過一餐飯，經常一天三餐只在車上吃了些簡單的乾糧充飢。每一天的目標都只有賺錢、賺錢、賺錢、再賺錢，除了賺錢，不作他想。

認眞工作之下，果然成功賺得了一百萬，他開心地帶著妻兒上餐廳吃飯，準備好好慶祝一番。結果，菜還沒上完，他就昏倒在餐桌上了。

緊急送醫急救之後，他總算清醒了過來，不過，醫生卻給了他一個晴天霹靂的惡耗，他因爲過度操勞，長期飲食不正常，使原本就有的胃潰瘍症狀惡化成惡性腫瘤，必須立刻進行手術，否則將有生命危險。

手術結束之後，他的胃只剩下不到三分之一，緊接著又是一連串辛苦的化療，身體飽受病痛折磨不說，之前所賺的一百萬元也幾乎爲了支付龐大的醫藥費用而消磨殆盡。

這時，即使他想用所有的金錢換回原本的健康，換取更多和家人相處的時光，也已是不可能的事情了。

他以爲他的努力能夠爲他換來幸福，卻發現原來一開始他就錯估了幸福。

金錢有很多用處，但終究不是萬能的，有很多東西是金錢換取不來的。

當生命的光芒消弱了，沒有了使用者，財富終究是生不帶來、死不帶去，這時，有再多的遺產又有什麼好值得開心的呢？

有很多人很會賺錢，也賺了很多錢，生活的重心完全放在工作上；他們有很高的理想，也有很遠大的目標，但是當他們只執著於賺錢這件事時，生命卻因而單調枯乏了，因爲他們不懂得怎麼花錢，只是拚了命地將生命的精力轉換成銀行存摺的數字，只是在累積財富，卻不是在享受財富。

這樣的人生幸福嗎？當你選擇爲金錢犧牲一切時，你便是親手將幸福拉上門門。當你耗盡了生命的燭光，就將獨自永遠滯留在黑暗之中了。

有一副健康的身體，有一份快樂的心境，才足以在適當的環境裡發揮所能，也才能盡情享受生命裡的所得所有。

當然，人應該要爲自己的理想和目標努力，但是，當你全力付出的同時，記得也要對自己好一點，對家人好一點；短暫的休息，並不會影響你前進的速度，適度的放鬆，也不會影響事情的成果。

放眼望盡天上的星光時，也別忽略身旁溫暖的眼光。珍惜身邊的幸福，你將會發現生命的美好早已出現。

生氣不如爭氣，抱怨不如改變

即使事情的發生和發展盡如人願，世界也不會變得更好些。

——赫拉克利特

PART 4

給自己希望，人生路就永不絕望

當我們懷抱著希望，
就像是披掛上一身最堅韌的甲冑，
就像是握著最尖銳的武器，
將無所畏懼也銳不可擋。

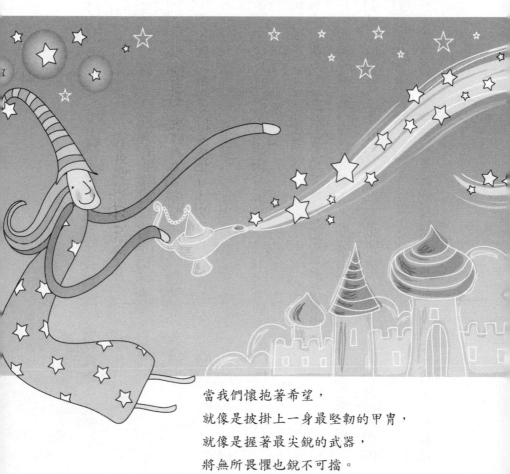

意意志力是成功的基礎

困境，對於意志力堅定的人來說，就像石子路上的小石頭，一點也不會造成阻礙；而厄運，則是他們來到桃花源的必經道路。

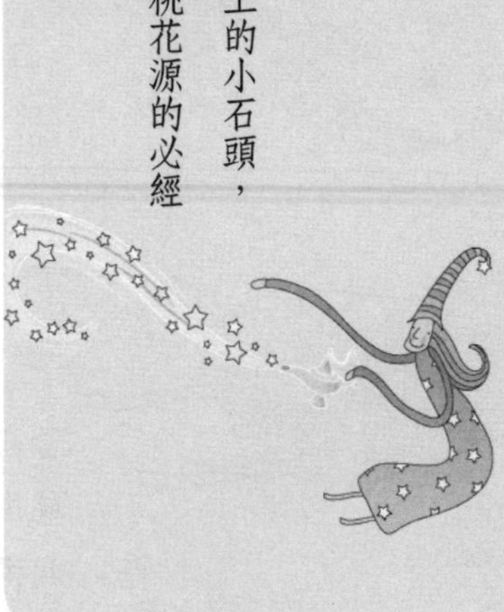

作家列斯科夫曾說：「自己跟自己作對，誰也沒辦法搭救你。」

一般人往往可以輕易戰勝現實中的敵人，唯獨對自己心中的敵人束手無策。

其實，一個人的成功關鍵，並不在於他如何打敗別人，而在於他如何發揮堅韌的意志力，戰勝自己心中的軟弱。

懂得百折不撓的定義，學會化解苦痛的智慧，我們的人生必定會有一個最精采的「活著」。

猶太裔的著名精神分析學家維克多．弗蘭克博士，曾經在納粹集中營裡飽受過淩辱。

在那個只有屠殺和血腥的地方，不可能看見人性和尊嚴，每一個屠夫在槍殺婦女、兒童和老人時，眼睛從來不眨一下。

生活充滿恐懼的弗蘭克，內心自然產生極大的精神壓力，每當看著集中營裡發瘋的人們，他的內心更是飽受煎熬。

幾乎也快失控的弗蘭克，有一天便告訴自己：「如果我不再控制好自己的精神，我也要陷入精神失常的厄運。」

這天，弗蘭克隨著長長的隊伍，來到集中營的工地中。行進過程中，他不斷地產生幻覺，一會兒想著「晚上恐怕不能活著回來」，一會兒想著：「今天能吃到晚餐嗎？」

工作一半，當鞋帶斷了，他又擔心這其中是不是有什麼預兆。

思緒非常混亂的弗蘭克，幾乎要失控了，內心充滿不安的他，對生活與生命開始產生厭倦。

爲了鎮定心智，弗蘭克讓自己不斷地冥想。

他開始想像自己正處在一個明亮而寬敞的教室中，並且正精神飽滿地對台下的聽衆發表演說。

當他閉上眼時，忽然感覺到一陣舒暢，臉上也慢慢地浮現了笑容，那是弗蘭克久違的笑容。此時，他高興地告訴自己：「太好了，我不會死在集中營，我一定能夠活著走出去。」

後來，當他眞的從集中營走出來的時候，朋友們看到他的模樣，都感到非常驚訝，因爲，在弗蘭克的臉上完全沒有受過煎熬的痕跡，反而全身都散發著年輕活力。

人生當中的每個困局，都有著正面的意義。

遭遇困境、挫折的時候，不妨放下負面的執念和自怨自艾的情緒，提醒自己用敏銳的觀察力與柔軟的心去面對，試著調整自己的態度，尋找其他出路。

像維克多・弗蘭克一樣，讓自己的生命之眼變得更爲寬廣，我們才能看見自己充滿希望的未來，也才能用堅定的意志力，讓自己面對每一個難關之時都越挫越勇。

困境，對於意志力堅定的人來說，就像石子路上的小石頭，一點也不會造成行進的阻礙。

而厄運，則是他們來到桃花源的必經道路，因爲他們知道，只要自己充滿勇氣勇敢穿過，便能來到成功的花圃。

給自己希望，人生路就永不絕望

當我們懷抱著希望，就像是披掛上一身最堅韌的甲冑，就像是握著最尖銳的武器，將無所畏懼也銳不可擋。

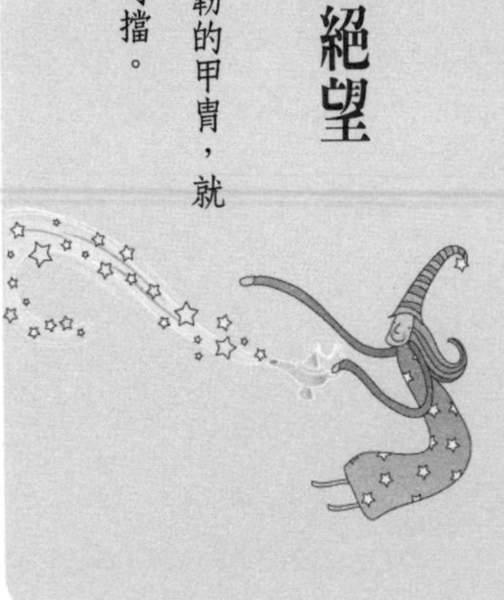

人生的路上總是會有無法預期的風險，就在你以爲一帆風順的時候，某一項被你忽略的危機風暴可能正在千里外悄悄成形，等著朝向你撲來。

你當然可以抱怨老天不公平，但是你卻無法阻止風暴逼近，只能緊緊握著名爲希望的船舵，堅定地朝向目標前進，直到安全渡過這一場風暴。

有一位胸腔科的醫學教授在達到事業頂峰時，卻被命運之神開了個極大的玩笑，發現自己罹患了肺癌。

他日復一日地醫治肺癌病患，想不到有一天自己竟也罹患了相同的病症。種種檢驗報告出爐後，對這位醫學教授而言，再也沒有人比他更清楚自己的病況，他心裡明白自己只剩下三個月到半年不到的日子可活。

歷經一段痛苦掙扎的心路歷程後，他深深覺悟了，他明白了當下的他只能接受事實，除了積極面對種種治療以外，沒有其他自救的方法。

他也決定不要毫不抵抗地死去，他一生都在幫助他人對抗病魔，沒有道理在面對自己的戰役時不戰而降。於是，他不但積極接受治療，同時也更加積極投入幫助肺癌病患的工作裡，除此之外，他決定要傾全力去認眞地體驗生命，關注許多他曾經不屑一顧的生活周遭小事。

或許是因爲心態上的轉變，他反而感覺罹患癌症後的日子變得單純而輕鬆許多，他不再以追求事業上的名利爲生命的重新，反而學會更加珍惜自己，也更加尊重他人，甚至連院子裡的一花一草，都能讓他花上半天的時間細心地澆水剪枝。

雖然身體上的病痛折磨經常打擊他的信心，但每咬牙撐過一次療程，他就再給了自己一次希望，隨著日子一天一天地過去，每一天他都懷抱著感恩的心情，熱切地迎接嶄新的一天。

三個月過去了，半年也過去了，轉眼間竟已過了三個年頭，沒有人知道他還能活多久，就連他自己也不清楚，但是對於未來他並不絕望，也不再害怕，就算上天將在明天奪去他的生命，他也能無愧於自己，因爲他已用心活過今天。對每一天抱持著希望，迎接全新的開始，就是他對自己負責的表現了。

只要活著就有希望，只要有希望，活著就有意義。希望是支持每個人不斷向前的一股動力，認真地活過今天，我們就能把希望放到明天，只要抱持著希望，生命的力量就不會枯竭。

當我們懷抱著希望一步步地完成自我的目標與理想時，就像是披掛上一身最堅韌的甲冑，就像是握著最尖銳的武器，將無所畏懼也銳不可擋。當每一個希望變成事實時，就像採擷到一顆最甜美的果實，不只帶給我們滿心的喜悅，也將成爲我們繼續努力的動力。

如果你覺得生活裡沒有什麼希望，何不由你自己來爲自己創造希望呢？只要你時時給予自己希望，人生的路上不管多麼艱難，你都不會絕望，即便當外界都對你失去信心時，至少你還有自信心足以支撐自己，至少還有你自己可以給你幫助。

每一份堅持都是一種力量，每一份自信都是一股希望，這些無疑就是你最值得信賴的靠山。

生氣不如爭氣，抱怨不如改變

希望之橋就是從「信心」這個字開始的，這是一條將我們引向無限博愛的橋。

——安徒生

控制怒氣，以免傷人傷己

發怒或許能宣洩怒氣，但是快感一過，你就會發現問題根本沒有解決，甚至可能因此引發更為嚴重的問題。

「任何事都不能作為盛怒的藉口，憤怒的理由永遠來自你內心。」托爾斯泰之所以會這麼說，就是要勸人不要成了怒氣的犧牲者，當人的身心受怒氣所控制，行爲就會失去理智，會有什麼後果沒有人能夠想像。

人爲什麼會生氣？是因爲不如意，是因爲不順心，還是因爲自己的私人領域被人侵犯？儘管每個人都有生氣的權利，但是卻沒有傷人的權利。

關於這個道理，十八世紀美國著名政治家，也是科學家的班傑明·富蘭克林感受最爲深刻。

據說，富蘭克林經常在沃茨印刷廠裡親自排版他第二天要發表的文稿，有一天他到了排版房，卻東找西找也找不著可供照明的蠟燭。他認爲，這一定又是管理員故意找他的碴，因爲兩人不久前才狠狠地吵了一架。一想到這裡，他就怒火上升，二話不說決定去找對方理論。

富蘭克林衝到地下室的管理房，那個管理員果然在那裡，他用力把門推開，結果一肚子怒氣卻一句話也罵不出來，只能氣得吹鬍子瞪眼睛。而後他注意到一件事實，就是管理房也是暗的，並不是只有他一個人沒蠟燭用。

管理員被開門聲驚動，轉過身來，臉上帶著笑，和緩地說：「看來你今天是有點激動，不是嗎？」

那個管理員看起來一點也沒有在生氣，也不像是做過虧心事的樣子，反倒是富蘭克林被自己的良心譴責得無地自容，因爲他並沒有任何證據。

於是，他慢慢轉過身，以最快的速度回到排版房裡。

他沒有辦法繼續工作，等心情終於平復了一點，自己將事情的前因後果想了一遍，發現自己的怒氣並無來由，更不應該任意發洩在管理員身上。他反省了自己的錯誤之後，決定向對方道歉。不久，他再度來到管理房門口敲門，管理員來到房門口，問他說：「這次你又想幹嘛呢？」

富蘭克林以最鎮定的聲音說：「我是來爲我的行爲道歉的，如果你願意接受的話，請你原諒我。」

管理員不明所以地笑了：「憑著上帝的愛心，你用不著向我道歉。除了這四堵牆壁，以及你和我之外，並沒有人聽見你剛才所說的話。我不會把它說出去，我知道你也不會說出去，因此，我們不如就把此事忘了吧。」

這個事件成爲富蘭克林一生當中最重要的一個轉折點，他一生都將這件事的教訓謹記於心。

如果每個人都像連續劇裡的角色那樣，動不動就想要報仇，這個世界還有誰能存活下去呢？因爲，發怒或許能宣洩怒氣，得到一時的快感，但是快感一過，你就會發現問題根本沒有解決，甚至可能因此引發更爲嚴重的問題。再說，傷人傷己、玉石俱焚，眞的能讓人得到快感嗎？

羅馬賢人塞涅卡建議：「當你怒火中生時想要擺脫自己的憤怒，最好的方法是停止下來，不要做任何事：不要走路，不要移動，不要說話。如果你的身體或舌頭在這個時候有所動作，你的憤怒還會燃燒得更加熾熱。盛怒對所有人都有害，對親身體驗的人傷害尤深。」

當你遇上了不得不生氣的事情時，先仔細想過這段話再下決定，或許能減低後悔發生的機率呢。

保持快樂心境，到處都是美麗風景

善用快樂的心境，你會發現其實每一天都可以過得很美好；保持快樂的心境，你就會發現眼前的世界其實閃閃發亮。

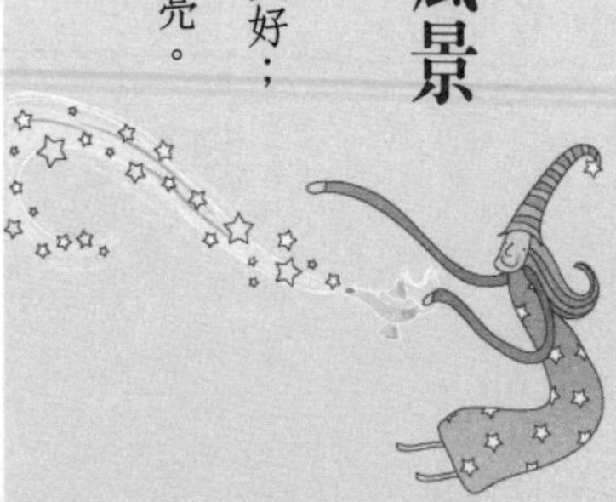

你是否曾發覺，當你爲一件事情心煩時，那一天不論做什麼事都不順遂，看什麼人都不順眼，動不動就想發脾氣；萬一，你克制脾氣的功夫差了點，把周遭的人都惹火了，齟齬的氣氛會更讓你心煩不已。

其實，當你惱怒不已的同時，無形中也發散出各種負面的能量，結果就吸引了周遭各種負面的情緒，造成不斷地惡性循環。

別人看你心煩時，只有兩種方式應對你。一種是無濟於事地安慰你，雖然對方的心意不錯，但對你並沒有什麼實際的效用；另一種則是懶得理你，結果情緒苦無缺口的你，雖然明知對方與你煩躁的情緒一點關係也沒有，你還是忍不住對人發脾氣。

無論別人用什麼方式對待你，對你來說都沒有用處，除非你自己下定決心走出壞情緒，否則你將永遠爲自己的情緒心煩，同時也讓別人心煩。

有一對情侶包了一輛計程車返鄉探親，一路上風塵僕僕，總算來到鄉間的道路了。鄉間的視野有別於城市的擁擠，感覺上開闊了不少。

不久，計程車來到一座小丘旁，小丘上開滿了迎春花，在陽光照耀下，每朵小花似乎都灑上了一層金粉，看起來異常燦爛。

女孩請司機在路旁稍停一下，她請求地說：「請給我五分鐘的時間，只要五分鐘就好。」

司機一臉納悶地答應了她的要求。女孩立刻跳下車，朝那座開滿迎春花的小山坡跑去，五分鐘之後，她兩手握著滿滿一大束美麗的迎春花跑回車上，男孩笑著攏了攏她的肩，關上車門，從口袋裡掏出一張紙鈔遞給司機。

但是，司機搖了搖頭說：「給我一束小花吧，我要送給我的妻子。」

女孩笑得非常燦爛，將手中的花束分了一半，以手帕紮成一束交給司機，原本平常不過的車廂裡，頓時薰滿了花香。

你有多久沒有抬頭仰望無雲的藍天，又有多久沒有低頭俯視綠地上悄悄吐蕊的小花了呢？

其實，只要多留心，你就會發現生活中的點點滴滴裡存有不少好風景。

想不到人竟是那麼容易遺忘的動物，我們總是遺忘了生命裡最原始的初衷，總是遺忘了身旁最單純的快樂，總是遺忘了許多眞實美好的事物。事實上，只要偶爾慢下腳步，細細去品味，就會發現生活中許多美好之處，並將我們的生命妝點得五彩繽紛。

美國詩人惠特曼曾說：「人生的目的除了享受人生，還有什麼呢？」

我們都走在自己開創的人生道上，不管這一路是崎嶇還是平坦，我們都無法再從頭來過，只能一步接著一步地向前走。所以，如果腳下顛簸辛苦，何妨抬頭仰望滿天星空，側耳傾聽微風低唱，閉眼輕聞風中的花香？

這一段路程其實是相當美好的，就看你是否曾用心去體會、用心去品味、用心去生活，如果你願意，生活就會回饋給你最真實的快樂。

其實，生命中並沒有那麼多值得你煩惱的事情，如果你懂得善用快樂的心境，你會發現其實每一天都可以過得很美好；保持快樂的心境，你就會發現眼前的世界其實閃閃發亮。

生氣不如爭氣，抱怨不如改變

悠閒的生活始終需要一個怡靜的內心、樂天曠達的觀念，和盡情欣賞大自然的胸懷。

——林語堂

幸福的感覺必須靠自己體會

想擁有幸福的人生，就從靜靜品味身旁的幸福開始。幸福來自於對自己幸福的認定，你覺得自己幸福，你就能得到幸福。

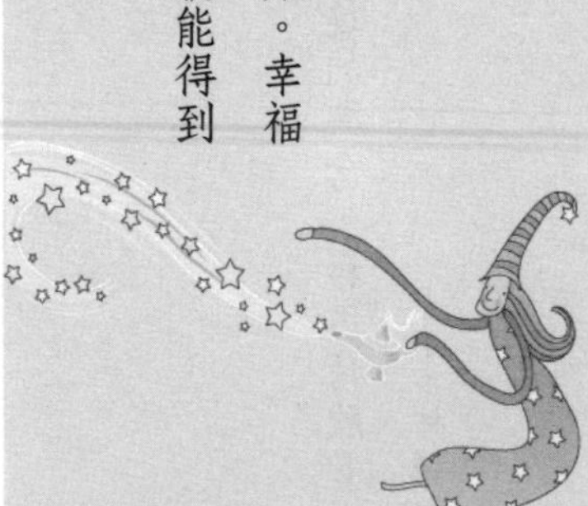

你在追尋幸福嗎？你期望某一個人能帶給你幸福嗎？

其實，你只要轉個念頭，就會發現幸福早就來到你身邊，你將明白幸福的感覺是由自己創造的。

幸福是一種感覺，當我們爲現狀感到開心愉悅，期望這份美好永遠留存時，那一刻，我們就是幸福的。

耶誕節的前夕，郵局的工作照例繁忙不已，其中有不少寄給耶誕老人的信件，被放置在入口處的一張大桌上，提供往返的民衆閱讀。如果有人讀了孩子們的願望，覺得行有餘力，或許就能讓某一個孩子美夢成眞。

在郵局工作的潔西下班時也來到那張放滿孩子心願的大桌，耐著性子一張一張地翻閱，其中，有一封信特別抓住了她的視線。

信上寫道：「親愛的耶誕老人，我唯一想要的禮物，就是送給我媽媽一輛電動輪椅。因爲，她不能走路，手也沒有力氣了，再也推不動兩年前慈善機構送給她的手動式輪椅，我希望她能夠坐著電動輪椅和我一起到公園玩，請您答應我的請求。愛你的羅斯敬上。」

潔西讀完郵件忍不住熱淚盈眶，她想起自己有一位親戚正好在一家輪椅器材的公司服務，她立刻打電話與那名親戚取得連繫，也順利和該公司的公關部門連絡上。

大家都爲羅斯和他母親的故事而感動，這家公司立刻決定提供一輛電動輪椅給羅斯的媽媽使用。

耶誕節當天，一輛價值三千美元的電動輪椅送抵羅斯的家，在場還有十多位採訪記者與許多聽到消息且深受感動的人們。

羅斯的母親露出感動的笑容，激動地抱緊自己的兒子，臉上洋溢著幸福。當被記者問及心裡的感想時，她的眼中閃著淚光，深情地望著羅斯說：「因爲我的兒子，此刻我感到無比的幸福。」

對羅斯的母親而言，她並非只因爲獲得一輛高價的電動輪椅開心，而是爲了兒子的懂事動容；她的幸福不是建築在外在的物質條件上，而是來自於家人之間深切的情感。

或許，一般人會覺得男孩和他母親的遭遇很悲慘，但是他們的生活卻比許多人來得快樂與幸福，因爲他們眞誠地彼此相愛、彼此扶持。

我們經常會陷入自我煩惱的情況中，覺得生活中什麼事都不順利，可是事實上，很多煩惱都是自找的。

對自我的要求太高，對於他人太過強求，對於某些事物太過執著，無形中就爲自己製造了許多壓力，也讓快樂和幸福無門而入。

當你忙於四處搜尋、四處探索的時候，往往會忽略肩膀上原來停著的幸福青鳥。所以，如果你想擁有一個幸福的人生，或許就從靜靜品味身旁的幸福開始，相信你一定能聽見青鳥吟唱的幸福歌聲。

幸福，就是來自於對自己幸福的認定，你覺得自己幸福，你就能得到幸福。

生氣不如爭氣，抱怨不如改變

通向幸福的道路只有一條，就是不要為不如意的事情煩惱。

——高爾基

懂得悔改，才有光明的未來

能夠下定決心不再重蹈覆轍才是真正的進步。犯錯，不是一種絕對的罪惡，知錯不改才是真正的罪過。

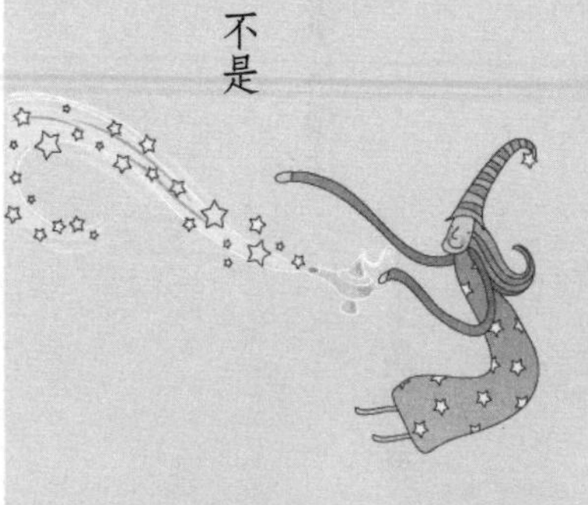

悔恨是一種自發性的錯誤檢查機制，懂得悔恨就明白自己錯在何處，明白自己錯在何處就知道如何改正。

每個人都會犯錯，犯錯並不可怕，可怕的是不知悔改，只要懂得悔恨，知道悔改，眞正改過，一切都還來得及。

有一家電腦公司的總裁某次說出了心中埋藏已久的秘密，他說：「公司曾經爲一家外商代理伺服器，當時有一位客戶購買的伺服器出問題，打電話要求公司處理，由於後來一直無法連絡上那家外商，也無法索賠，於是公司就賴了那位客戶兩萬塊錢。」

其實，那樣的金額根本不大，但是，他卻因爲一時的判斷失誤，讓公司的名譽蒙上陰影。

這名總裁始終將這件事放在心上，直到幾年後，終於有機會再碰上那名客戶，他連忙將欠款歸還，才好不容易解除心中那份愧疚感。

另一家軟體研發公司的董事長，心底也有一個難以啓齒的秘密。該公司曾經投資開發一種房地產交易軟體，獲得非常驚人的收益，但其實這位董事長很清楚這個軟體是一個毫無益處的商品。

可是，當初軟體上市的時候，公司只求銷售而未能顧及顧客的權益，使得許多消費者買了這項無用的軟體。爲了這件事，他甚至曾經公開在媒體上鄭重向那些消費者道歉。

還有一家飼料工廠爲了追求利潤，竟採用劣質玉米做爲原料，結果豬隻吃了那些飼料不但不長肉，還生了病。

雖然那間工廠曾經因此大賺一筆，但是後來豬農們都知道那家工廠的飼料品質很差，再也不願意購買，果然工廠的生意一落千丈，工廠老闆看著毫無起色的業績，只能大嘆報應。

他們現在爲了重新獲得客戶的信心，只得多付出好幾倍的投資，但還不見得能夠有所成效。

心理學家說，人的心理狀態不斷影響著生理狀態，開朗豁達的人會積極學習，也會用樂觀的思緒看待問題，至於消極悲觀和無法掌控自己情緒的人，最後就只能和痛苦煩惱爲伍。

這些人之所以將自己心底的感受說出來，就是因爲心中的那份歉疚感需要一個宣洩的出口。

他們當然可以選擇隱瞞這些秘密，但是他們勇敢認錯、誠心道歉，所以能令人尊重。

明白自己的錯誤之處才能有機會改正，能夠下定決心不再重蹈覆轍才是眞正的進步。犯錯，不是一種絕對的罪惡，知錯不改才是眞正的罪過。

我們不是聖人，無法強求自己一生中毫無過失，但是，我們都應該知進退、懂是非，明白自己的錯誤所在，眞切地思考如何才能不貳過，這樣才對得起自己，也無愧於天地。

多一點寬容，多一點緩衝

態度嚴苛容易令人心生反抗；態度寬容，為他人留餘地，也是為自己留餘地，待人處世都多了許多緩衝的空間。

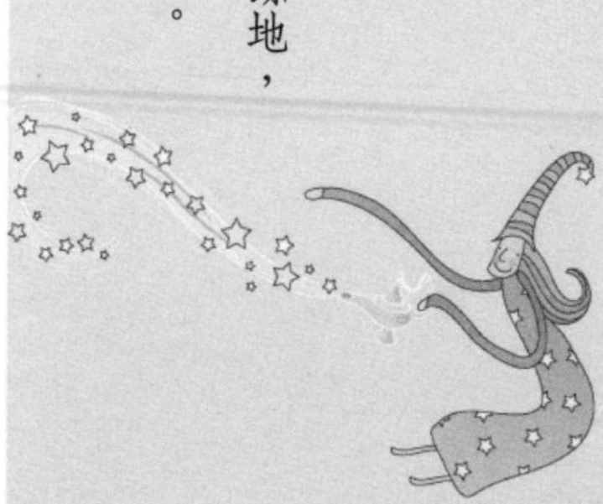

處世的態度有很多種，每一種都沒有什麼對錯，只要應用得當、適時適地，就可以讓事情處理得更加順利。反之，如果用錯了時機，不只毫無助益，恐怕還會收到反效果。

什麼時候該使用何種態度來因應，這個問題的答案沒有定論，端看每個人的經驗與應變能力而定。

有些人堅持一生只用一種態度來面對事情，不管怎麼樣也不肯違背自己的原則；有些人則懂得見人說人話、見鬼說鬼話，目的就是爲了能讓事情順利進行。但是，不管是哪一種，都沒有對和錯，因爲每個人對事情的反應和需求本來就不一樣。

當然，硬派人有硬派人的優點和弱點，圓融的人也有其長處與短處，無法明確評斷哪個好；只是我們平心而論，終究無法否認稜角少一點的人，生命裡總是會少些碰撞。

有一位老師批改作文的時候，覺得有一名學生寫的文章特別優秀，於是不只立刻評了最高分，更要他在第二天的課堂上朗讀給全班同學聽，希望同學可以多多效法。

可是，就在他唸完那篇作文之後，立刻有一位學生在底下喊說那一篇文章根本就是抄來的。面對這個突如其來的變化，不僅這位老師措手不及，那位撰寫作文的學生更是滿臉通紅呆立著，頓時整個課堂上充斥著各式各樣的耳語，亂成一團。

老師試著讓自己平靜，好一會兒才站上講台，慢條斯理地將黑板擦乾淨，然後轉身面對全班同學。

漸漸地，教室裡的竊竊私語全都停了下來。老師終於開了口，問全班同學：「大家先說說看這一篇文章寫得好不好？」

班上同學們有志一同地點頭同意。

老師又問：「大家以前常不常讀到這樣的好文章呢？」

同學們又紛紛搖頭。

老師接著開口說：「相信大家已經可以分辨出什麼樣的文章是好文章了，老師很希望大家能夠多向這些好文章的作者學習。今天我們先謝謝這位同學爲我們帶來一篇這樣的好文章，不過，下次可別忘了要註明出處，才是尊重原作者的行爲。另外，如果同學們還有發現其他好文章，希望也能提供給大家一同分享，讓彼此的作文更加進步。」

同學們明白了老師的用意，以掌聲謝謝那位提供作文的同學，至於那位抄襲的學生則滿臉通紅地露出尷尬的笑容，但也感激老師的寬容對待，並真心反省自己的錯誤。

我們當然可以針對別人的弱點下手，在對方的傷口上灑鹽，朝他人的痛腳踩下去，以確保自己獲得徹徹底底的勝利，確保對方無力反抗。但是，這麼做並沒有太大的意義，既然我們本來就贏了，又何必再對人落井下石呢？如果將對方逼得狗急跳牆，對我們來說又有什麼好處呢？

這名老師當然可以怒斥學生不該抄襲，讓檢舉的學生更加得意，讓無地自容的學生更加羞愧。

但是，他並沒有這麼做，而是以不同的方法，讓兩位學生都得到了教訓，也顧全了他們的面子，相信學生們已然學會得饒人處且饒人，也學會了天底下沒有不被揭露的謊言。

此外，這位老師還運用了這樣寬容的做法，避開自己原本沒有發現學生作弊所造成的尷尬。

態度嚴苛自然會形成一種威嚴，使人懼怕，但是也容易令人心生反抗；態度寬容則爲他人留餘地，也是爲自己留餘地，待人處世便多了許多緩衝的空間。所以，何不多學學這位老師，以寬容代替嚴苛呢？如此，說不定反而省力省事，效果更好。

生氣不如爭氣，抱怨不如改變

過去，我曾經會晤過世界上許多大人物，但我從來沒有見過被斥責的人比被稱讚的人，做得還要好。

——查爾斯·休瓦夫

PART 5

不放棄飛行，就會擁有燦爛人生

我們永遠不會知道我們的生命
將在什麼時候結束，
但是我們可以努力每一天都認真地活，
如此，最終自然有個燦爛的人生。

能夠忍耐，便沒有阻礙

一個人的忍耐功力，往往是成敗的關鍵。別低估自己所能承受的忍耐力，這是一個人生命中最有價值的資本。

當蚊子「嗡、嗡、嗡」地在耳邊飛上飛下時，相信多數人會停下手邊的工作，全身充滿殺氣，爲的就是將蚊子一掌解決掉。

蚊子尚好解決，若對象換成人、工作、噪音……時，又該怎麼辦？總不能一遇到麻煩事，就怒氣纏身，非得殺個片甲不留不可。

你是否曾經因爲壓力、煩惱，讓自己恨不得當個什麼都看不見、聽不到的人？即使如此，問題還是不能解決，該面對、該處理、該負責的事情也不會消失。此時，又該怎麼辦呢？

有時候，人生就是需要「忍耐」來支持自己走下去。

有一個年輕人脾氣不但暴躁而且易怒，常常和別人打架，很多人都不喜歡他。有一天，他無意中遊蕩到大德寺，碰巧聽到一休禪師正在說法，聽完後深受感動，發誓痛改前非。

他對一休禪師說：「師父，我以後再也不跟人家打架、起口角了，免得人家看了我就討厭。就算是別人往我臉上吐口水，我也要忍下怒火，耐心擦去，默默地承受對方的不敬。」

禪師聽了年輕人的話，笑著說：「何必擦呢？就讓唾沫自行乾了吧。」

年輕人聽了有些驚訝，問禪師：「怎麼可能不把別人的唾沫擦掉呢？爲什麼要這樣忍受啊？」

一休禪師回答說：「這沒有什麼能不能忍受的！你就把它當作蚊蟲停在臉上，

不值得開口罵它或打它，即使被別人吐了唾沫，也不是什麼大不了的侮辱，就微笑地接受吧！」

年輕人勉強接受，但馬上又問：「如果對方不是吐口水，而是用拳頭打過來時，又要怎麼辦呢？就這樣站著讓他打嗎？」

一休禪師回答：「不都一樣嘛！根本不用太在意，只不過是一拳而已。」

年輕人聽了，認爲一休禪師說得實在太過誇張，頓時怒火上升，終於忍耐不住，突然舉起拳頭，朝著一休禪師的頭猛力揮了一拳，並問他：「和尚，你說現在該怎麼辦？」

一休禪師非常關切地說：「我的頭硬得像石頭，沒什麼感覺。倒是你的手，大概打痛了吧？」

年輕人當場楞在那裡，再也無話可說了。

嚐遍人間一切心酸冷暖的法國作家巴爾札克曾經如此說過：「忍耐，是支持工作的資本之一。」

遇到不如己意的事，忍耐並不是退縮、懦弱的表現，只是用平常心去面對人生一些不平的境遇。

讓這些無理之人、惱人之事困擾著自己，和這些「考驗」起口角、暴衝突，其實都是不值得的。

韓信能忍胯下之辱，才有日後的成就。若當時的他忍不下一口氣，和人起爭執，大概已經英年早逝了。

一個人的忍耐功力，往往是成敗的關鍵。別低估自己所能承受的忍耐力，這是一個人生命中最有價值的資本。

找到興趣，生活才有動力

難得來這個花花世界一遭，別讓自己虛度一生，試著培養興趣、拓展興趣，它就會帶給你無窮盡的樂趣與活力。

你可能有一個平凡的家庭，有一份平凡的工作，有一副平凡的外貌，但是你可以擁有一個不平凡的生活。

如果你愛自己，你就會知道你眞正喜歡的是什麼；如果你眞的喜愛一件東西，你一定會想知道關於這件東西的全部訊息；如果你想知道這些訊息，你就會願意花費時間和力氣去探查、去尋訪，以滿足自己知的渴望。這樣的你，生活必定很豐富，自然也就不平凡。

你總是覺得生活煩悶、日子無聊，但又不想這麼白白浪費生命嗎？若是如此，就去試著找出自己的興趣吧，想必一定能喚回生命的活力。

有一個年輕人腦袋挺聰明的，可惜就是非常懶惰，可以坐著絕不站著，可以躺著絕不會坐，相對的，在工作上也是有一搭沒一搭，總是漫不經心、混水摸魚，反正可以蒙混得了就好。

他平常也沒有什麼消遣，要不和朋友們聚在一起打牌，要不就到KTV唱歌、喝酒，把薪水全部花光光。

本來，他日子倒也過得安樂，可是有一天，他卻突然決定改變了。因爲他好不容易鼓起勇氣向心儀的女孩告白，卻被對方拒絕，他苦思原因，覺得應該是自己太不長進的結果，於是他決心要有所改變。

只是，雖然說要改變，但是要從何改起，他就一點也沒有頭緒了。無奈之下只好向長輩求助，長輩問他：「你說說看你的興趣是什麼呢？」

他自然照著實情來回答，果然被斥責了一番。長輩搖搖頭再問：「那你以前有沒有喜歡過什麼不是吃喝玩樂的活動？」

他搔了搔頭說：「我小時候還蠻喜歡書法的。」

長輩聽了回答：「那好，你就去把王羲之、顏眞卿的字帖找出來練習練習，說不定就能把你的個性改正。」

他將信將疑，找來了紙筆，再把以前的字帖都找了出來，開始練字。

剛開始他寫的字實在非常難看，甚至連小時候寫的都不如，令他頗爲氣餒；但是寫著寫著，手上的感覺似乎回來了，越寫也就越順手，練完了一本，就想再找一本來寫寫看。

漸漸地，他不再有時間和朋友喝酒閒聊，反而多花了許多時間在研究運筆的方法，甚至對水墨畫也產生了興趣。

後來，他的長輩來探望他，發現他整個人彷彿多了不少活力，臉色也紅潤了許多，不禁大呼毛筆救了他。

你無聊嗎？你悶得發慌嗎？

相信我，你一定找得到事情來做，你現在提不起勁是因爲你還沒有選對志向，還沒有培養好興趣。

愛文字的就多看幾本書，小說也好、散文也好，都會有所收穫；愛音樂的就多聽幾張CD，或找些樂器來練習也很不錯；反正天底下好玩的事情那麼多，你怎麼可能對什麼都不感興趣呢？即便真的沒有興趣也無妨，那就從現在開始培養興趣，找一件看得上眼的事情來做，就像故事裡那個年輕人一樣，慢慢就會培養出興趣來的。

除非你想一輩子庸俗，否則你一定可以找到讓自己獨樹一格的興趣，也能從興趣之中找到活力。

難得來這個花花世界一遭，千萬別浪費這個寶貴的機會，讓自己虛度一生，試著培養興趣、拓展興趣，它們就會帶給你無窮盡的樂趣與活力，以及豐富的生活喔！

生氣不如爭氣，抱怨不如改變

快樂取決於品味，而非事物。擁有自己喜歡而非他人喜歡的事物，才會真的快樂。

——弗杭索瓦·侯榭傅柯

再忙也要把時間留給家人

記得要把心裡的一塊角落撥給家人，把生命裡的一段時間留給家人，你從家庭裡取得的，別忘了放回家庭裡去。

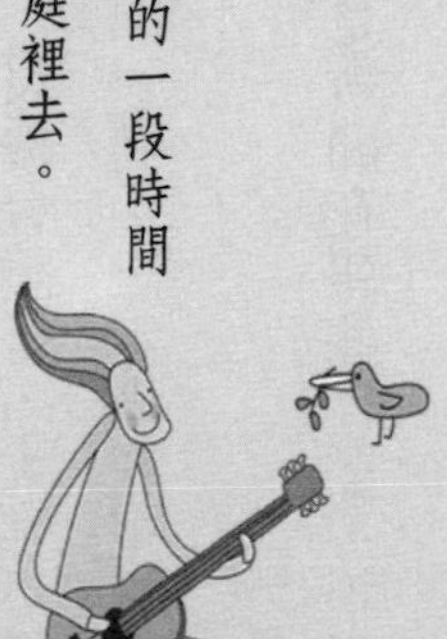

或許你的工作很重要，或許你的事業很繁忙，或許你有更多更多的理由，但是，請你一定要記得，再忙也要把時間留給家人。

也許你認為你有許多更重要的事等待你去完成，但是你應該要了解，事業、工作不一定非你不可。

要知道，一旦你失去那些你原本視為重要的事情時，你會需要家庭的支持與關懷，希望到那時你的家人仍願意站在你身邊支持你。

可是，當你認爲事業比家人要來得重要的時候，家人爲何還要繼續守候著你呢？你在工作上受了氣，敢怒不敢言，就把怒氣帶回家裡，試問，與你共進晚餐的家人，爲什麼要容忍你的怒氣呢？爲什麼要面對你的臭臉呢？他們的感受、心情難道不值得你關心嗎？

請聽聽這個故事：有一位新聞記者，自大學起就離家到大城市裡求學，畢業以後就進了電視台裡工作，從採訪記者開始做起。慢慢地，他也有了在電視上出現的機會，只是鏡頭多半會放在被採訪者身上，所以在電視畫面裡看得到的，往往只有拿麥克風的手而已。

一直待在鄉下的母親，因爲小時候家裡很窮，沒機會讀書，大字不識幾個，不過自從兒子當了記者以後，每天整點新聞的時間一到，一定坐在電視機前面準時收看。

其實，她的耳朵不是很好，往往也聽不太清楚新聞在報些什麼，不過她仍然

看得津津有味，特別是由她兒子採訪的新聞更是專注。漸漸地，竟也認得兒子的名字是什麼模樣了。

有一天太陽很大，這名記者的工作才剛結束，回到住所就接到從家裡來的電話，原來是母親要父親打電話來提醒他出門別忘了戴帽子。

他聽了很驚訝，因爲今天的新聞畫面裡他連出聲都沒有，只有拿著麥克風讓人說話，但母親說她認得他的手，因爲他的大姆指關節比起別人要突出一點點。

他的心裡很感動，因爲母親是一直那樣地關注著他，而他已經不太記得上一次回家陪父母吃飯是什麼時候了。

當他把這件事告訴同事，同事看了看他的大姆指，卻一點也不覺得哪裡比較突出，或許眞的是母子連心的關係吧。後來，電視台剛剛排定了休假，他就立刻訂了回家的車票趕回家了。

孩提時代，我們總膩著父母，渴望父母的疼愛；長大了，開始工作、漸漸獨立後，卻往往忽略了對父母的關懷，於是父母年老了、病重了，身邊卻無人照看。

但是，人與人之間的情分不該是這樣淡漠的，家人之間更不應該如此，事業的忙碌並不該成爲疏遠的理由，因爲關係親密的家庭就是找得到時間對話，就是找得到機會聊天。

「樹欲靜而風不止，子欲養而親不待」是爲人子女最大的悲哀，所以別讓自己有機會悔恨，記得要把心裡的一塊角落撥給家人，把生命裡的一段時間留給家人，你從家庭裡取得的，別忘了放回家庭裡去。

家人之間應該彼此相互重視、相互依賴，遇到事情也一樣是闔家一心、共同面對，這才叫做一家人啊！

生氣不如爭氣，抱怨不如改變

人生真正的幸福和歡樂浸透在親密無間的家庭關係中。

——穆尼爾·納索夫

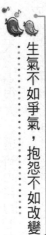

不放棄飛行，就會擁有燦爛人生

我們永遠不會知道我們的生命將在什麼時候結束，但是我們可以努力每一天都認真地活，如此，最終自然有個燦爛的人生。

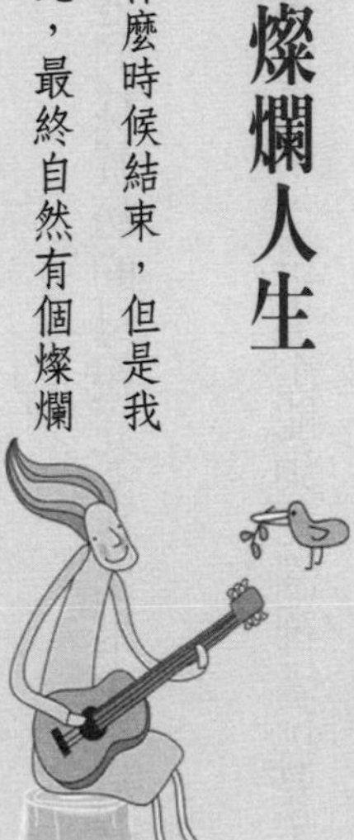

如果在你出生之前，就知道這一生的道路將走得很坎坷，你會不會選擇不走這一遭？或許會，但可惜我們都不是芥川龍之介筆下的河童國子民，不可以說不出生來就不生出來，因此即便我們已經知道這一生將會有什麼阻礙在前方，我們也只能勇敢、努力、認眞地走下去。

相信我，你的認眞將會改變你的周遭，進而改變原本不順遂的人生。

生氣不如爭氣，抱怨不如改變，面對不如己意的事情，與其整天氣個不停，不如積極改變自己，只要調整自己的心態，最終一定能夠成就亮麗的未來。

有一個小男孩，由於母親是愛滋病的感染者，出生的時候就不幸染上愛滋病的病毒。

從五歲起，他就必須在胸腔裡裝上一條管子，連接到一個傳送藥物的幫浦上，而且他必須一整天都背著這個儀器才能活動，不然就得整天躺在病床上。

醫院裡的醫護人員和病患常常可以看見一個穿著紅色衣服的小男孩，背著藥品輸送儀器，以一輛小小的四輪車拖著他的氧氣瓶，在中庭花園裡玩耍、奔跑。假如你只有注意到他的表情，你會發現那充滿活力、歡樂的小臉和一般孩子毫無差異。

他總是穿著紅色的衣服，這是因爲他同樣罹病的母親完全無法下床，但可以透過窗戶認出穿紅色衣服的他。

某一天，男孩意外受到感染，病情急轉直下，再也不能到花園裡去玩耍了。

醫生安排男孩的媽媽來見小男孩最後一面，只見男孩的母親忍著哀傷，臉上掛著笑容對孩子說：「別害怕，我們就要到天堂去了，你先走沒關係，媽媽很快就會去找你。」

小男孩彌留之際，用盡力氣對照顧他的護士說：「護士阿姨，請妳幫我穿上紅色的衣服。媽媽說，她也要來天堂，我穿紅色衣服在天堂玩的時候，媽媽才找得到我。」

護士哽咽地點點頭，答應了小男孩最後一個要求。然後，小男孩帶著安詳的微笑過世了。

故事中的小男孩雖然是一名受傷、折翼的天使，但是他從未放棄飛行，在短促的歲月裡，他以他自己的方式去飛，他以他自己的方式去生活。

沒有人會認爲他不該來到這個世界，也沒有人能阻止他自由玩耍、奔跑的權利，即使是疾病也不能。

一個罹患不治之症的男孩，都可以將自己短暫的一生過得那麼精采，更遑論我們這些四肢健全、身心健康的人呢？如果我們沒有認眞活過，豈不是白白走了這一遭？

我們永遠不會知道我們的生命將在什麼時候結束，但是我們可以努力在我們所能把握的每一天都認眞地活、認眞地過，這般一點一點地累積每一分鐘、每一秒鐘，最終自然有個燦爛的人生。

越認真，越能影響別人

我們的每一步都在歷史上留下足跡，我們不斷沿著前人開拓的路前進，同時也留下軌跡供後人引為借鏡。

曾經看過一本漫畫，故事的背景是一個未來的時代，男主角是一名有食慾的機器人，女主角則是某個神秘星球上的食人族。

當所有人對於食人族的習性感到害怕時，女主角卻義正辭嚴地說，在他們的族群裡，能夠被吃是一種成就，因爲吃食物的目的是爲了將對方的精神傳承下去，所以每一次進食都是虔誠的、感恩的。

因此，如果被吃的對象是個有德性的人，那哪怕只能分到一小塊皮屑也好，族內每個人都期望能藉自己的力量，將對方的德性傳承下去；但若是一個十惡不赦的壞蛋，那誰也不肯碰他的屍體，只是將它的屍體丟進崖谷，任其腐爛，因爲沒有人願意爲他傳承。

雖然那只是個科幻故事，但是，作者對於生命的傳承自有另一番的詮釋和演繹，值得我們咀嚼。

再來聽聽另一個故事：有個小女孩的家住在湄河邊上，她的外婆則住在河的對面。

一天，祖孫三代一同到山上挖紅薯，剛好遇上有人出殯，看著長長的送葬隊伍，聽著沿途不絕的哭泣聲，外婆不禁喃喃地說：「那是個好人啊，不是好人的話，誰會哭呢？」

小女孩的母親在村子裡當老師，她在課堂上把這件事告訴孩子們，期望每個人都將這件事放在心裡，在做事的時候常常拿出來想一想：「你死了的話，誰會哭呢？」

小女孩長大時，外婆早已過世了。

母親一個人要照顧六個小孩，還在簡陋的教室裡當了二十多年的代課老師，而且總將微薄的薪水拿去幫助遇到急難的人，結果自己的家裡總是家徒四壁。由於積勞成疾，母親很快便被病魔給擊垮了，在臨終前還掙扎著自己沒有活夠，還有許多事來不及做。在場的人聽了，只能不斷落淚。

送葬當天，全村的人都來了，三百餘人排成了一列長長的隊伍，女孩心裡想起母親對外婆的承諾，想起母親曾說「你死了，誰會哭？」的提醒，再看到全村的人都哭了，女孩心想，看到這種景象，相信不論是母親或是外婆都能感到欣慰的。

這又是另一種生命傳承的詮釋。

雖然，人並不是爲了他人而活，但是，顯然當你認眞過活的時候，你就能進一步地影響其他的人；當所有的人都認眞起來時，相信大同世界也不再是個空想。

然而，如果你一生壞事做盡，那其實你也留下了一點價値，就是所有人都會以你爲教訓，以你爲警惕，提醒自己絕不能如你這般踏上一條不歸路。

我們的每一步都在歷史上留下足跡，我們不斷沿著前人開拓的路前進，同時也留下軌跡供後人引爲借鏡，人的世界就是如此傳承了數千年。未來，我們還要繼續走下去，而我們的步履將會是我們價値的證明。

生氣不如爭氣，抱怨不如改變

如果你無法做他人的典範，只好做別人血淋淋的教訓。

——凱薩琳．埃爾德

與其事後尷尬，不如事前說實話

既然無法永遠隱瞞真相，那不如一開始就實話實說，一方面可避免謊言被拆穿時的尷尬，一方面也給對方自己做決定的機會。

沒有人喜歡被欺騙的感覺，不論謊言的背後究竟是善意還是惡意，當發現眞相時那一刻的錯愕，臉上和心上都同樣難受。

大家應該都還記得《安徒生童話》裡那個愛穿新衣的國王吧！如果不是孩子純眞的發言，他可能還沾沾自喜地穿著「未著片縷」的新衣在大街上遊行呢。

所以，重點不在於謊話背後的意義，而是謊言在本質上就是錯誤的，況且，沒有不被揭穿的謊言，不管權勢多高，不管防密做得多嚴密，只要有人追求眞相，謊言就無所遁形。

小吃攤裡來了一對夫婦，男人一隻眼睛看不見，女人則雙眼全盲。男人扶著女人坐下之後，揚聲向店家點了兩碗麵。

男人向女人交代自己去付錢，結帳的時候，特地走到店家身邊輕聲說了幾句。過一會兒，麵送上桌，共一大一小兩碗麵。男人將大碗的麵撈了撈，把麵條鬆了鬆，然後送到女人面前說：「麵來了，快吃吧，小心燙口。」

女人點了點頭，拿好筷子、湯匙，小心地喝了口湯，然後，忽然抬起頭問：「你的呢？」

男人回答：「也送來了，快吃吧！」

女人又問：「你是點大碗的吧？夠吃嗎？」

男人說：「當然，夠我吃了。」

「那種不是大碗的！」一個清脆的嗓音讓男人拿筷的手頓了一下，隔桌的小男孩張著大眼望著他。

男人故作自然，繼續低頭吃麵，小男孩以爲他沒聽見，又喊：「叔叔，你吃的這種不是大碗的，送錯了！」

男人連忙向小男孩比個手勢，小男孩的母親也把他拉了回去，小聲地罵：「別亂說話！」

小男孩被責備得很不甘願，一臉委屈地咕噥著：「本來就是嘛！」

女人吃麵的手停了下來，從她無神的眼眶裡落下了淚，滴入碗裡。男人發現後，連忙爲她拭淚，焦急地說：「怎麼啦，怎麼哭啦！我不餓啦，所以才讓老闆改送小碗的，妳別誤會……」

女人搖了搖頭，露出一臉很燦爛、很燦爛的笑容說：「謝謝你總是對我這麼好，下一次換我吃小碗的，讓我也對你好。」

男人忍不住熱淚盈眶，兩個人的手不禁緊緊握了一下。一碗麵，讓兩人的心變得更靠近。

小男孩當然不是故意的，成人世界裡許多善意的謊言孩子是不懂的，因爲他們一直被教育「不能說謊」。所以，當小孩有話直說、有口直言的時候，總是會讓許多成人措手不及，既是難堪又是尷尬。

小男孩說了眞話，表面上似乎讓場面尷尬了，但其實他的行爲並沒有錯。因爲若不是小男孩的話，女人將永遠被蒙蔽著，永遠無法自行判斷，永遠無法自己下決定。

所以，男人好意隱瞞眞相時，女人就被迫成爲自私的那一個人，而且這樣的決定並非女人的本意，因爲她根本沒有選擇的權利。

男人的隱瞞雖是出自善意，但是眞相總會被揭穿，說謊的人就是得面對當謊言被拆穿時的尷尬場面。

由於他的謊言，讓小男孩也無故被母親責備，男孩沒有亂說，母親卻要他「別亂說」，到底是誰在亂說呢？

眞相或許會傷人，但是我們永遠沒有辦法避免眞相被揭露，而且越是極力隱瞞的謊言，越是容易露出破綻，就好像一塊不夠大的布縵，遮得住馬頭，就得露出了馬腳。所以，既然無法永遠隱瞞眞相，那不如一開始就實話實說，一方面可避免謊言被拆穿時的尷尬，一方面也給對方自己做決定的機會，何樂而不爲呢？

生氣不如爭氣，抱怨不如改變

一切保持緘默的真理都會變得有害。

——尼采

未經查證的批評毫無價值

來自親人的批評最為尖銳鋒利，當你要開口批評的時候，請確認你的批評沒有惡意，否則所造成的傷害將會出乎你的預料。

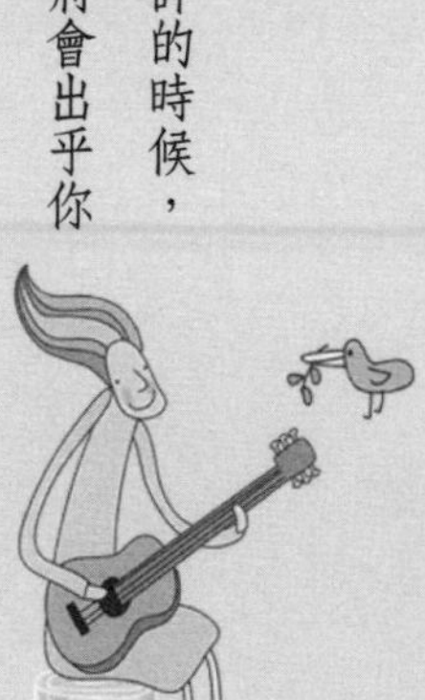

俄國文豪托爾斯泰曾說：「只要一個人願意面對自己，願意虛心接受別人的批評，他就會是一個傑出的人。」

能不能放虛心接納別人的批評，往往是一個人能否邁向成功的重要關鍵。

歌德則這麼說：「對於批評既不必提出抗議，也無須為自己辯解；不必把它放在眼裡，而是用行動來說明。這樣，批評就會慢慢的一文不值。」

如果你問心無愧，別理會那些惡意誹謗，堅持走自己的路。等你到達了目的地，他們就明白原來自己多麼可笑。

有六個兄弟住在一起，其中五個哥哥每天外出工作，留下最小的弟弟一人在家裡料理家務。每個哥哥工作所獲得的錢，每個月都要撥一部分交給弟弟，其中一半做爲家用，另一半則是弟弟的零用錢。

有一個哥哥覺得這樣的做法不太公平，認爲大家在外頭辛苦工作的時候，最小的弟弟卻一個人在家納涼，於是提議說：「老么也應該自己去找工作做，賺他自己的零用錢。」

一家人針對這件事召開了家庭會議，最後一致同意老么應該自己出去賺錢。老么也沒有多說什麼，就順了哥哥們的意去找了份工作。於是，每天一大清早，六個兄弟就一起出門工作。

但是，問題來了。每天晚上六個兄弟辛苦地工作回來，又餓又累，但是一開家門一片黑漆漆的，沒有人整理房間，也沒有人燒飯煮菜，一切都得靠自己，眞正自己動起手來才知道家務也不是那麼簡單的。

五個哥哥現在才明白，原來之前自己能夠一回到家就有飯菜可吃，有乾淨床鋪可睡，是由於弟弟始終默默付出才能得到，他們竟然還責怪他不工作太懶惰。他們紛紛向弟弟道歉，而弟弟也表示自己終於明白哥哥們在外面工作的辛苦，於是一切恢復舊狀，一家人再度和樂融融地生活。

當然，一家人討論誰比較辛苦，誰又付出比較多，是很傷感情的事。家人不就應該是彼此互助、互信、互愛的嗎？每個人不都應該爲了自己的家庭投注關心，付出所有的心力嗎？

年少的時候住在家裡，什麼事都有父母頂在頭上，什麼都不需要負責任，卻老是覺得被父母限制，總是想抗爭。但是，等到搬出去自己住以後，發現什麼事都得自己來，便開始想念起家庭的溫暖了。

有些人會抱怨別人含著金湯匙出生，不用工作就有人捧著錢給他用，自己卻得拿出大半的薪水供應家用。但是，難道這些只知一味抱怨的人不曾對家庭有過任何需索嗎？

故事中的哥哥們，不明就裡地批評弟弟懶惰，但最後才發現，看似無所事事的弟弟，其實所做的事並不少，這才讓他們覺得自己驟下判斷出了差錯。幸好，弟弟不想借題發揮，否則一場家庭紛爭很難避免。

所有的批評裡面，來自親人的批評最爲尖銳鋒利，也最具殺傷力，因爲家人間只有信任而沒有防備。

所以，當你要開口批評的時候，請確認你的批評沒有惡意，否則所造成的傷害將會出乎你的預料。

PART 6

轉個念頭，讓心更自由

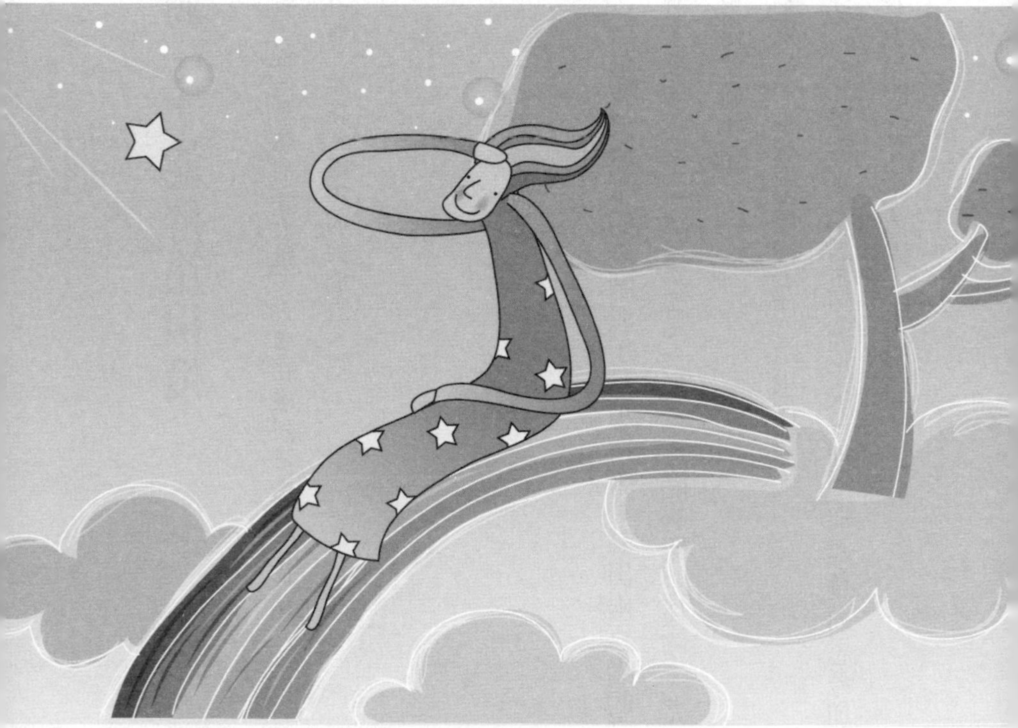

真正的愛不會相互束縛，而是相互提攜；
在愛情的國度裡，心既是自由的，
也是屬於彼此的。

立即行動，才能解決困境

只要開始，任何事都不會太難，人類在碰到逆境時，往往能刺激潛能，發揮意想不到的能力。

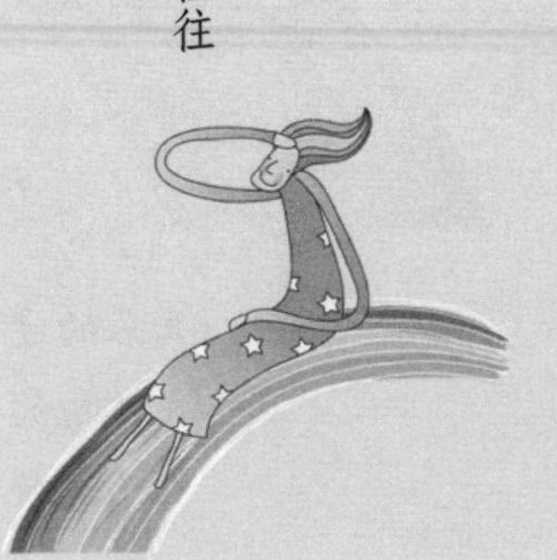

大學時代，一位教導劇本的老師派了一項作業：寫出兩百場的劇本來。當時，每個人都愣住了，認爲這是一項不可能的艱鉅任務，尤其對非本科系的學生來說，更是困難重重。

結果學期結束後，全班都如期完成這項作業。

「Just Do It！」做就是了。不要猶豫不決，別讓那些負面思考加深恐懼，只要往前走，你將發現光明就在不遠處。

西華・萊德先生是著名的作家兼戰地記者，曾在一九五七年四月號的《讀者文摘》上撰文表示，他收到過最好的忠告是「繼續走完下一哩路」。以下是從文章中擷取出的幾個小段落：

「第二次世界大戰期間，我跟幾個人不得不從一架破損的，即將摔毀的運輸機上跳傘逃生，迫降在緬印交界處的樹林裡。當時唯一能做的，就是拖著沉重的步伐往印度走。全程長達一百四十英哩，必須在酷熱的八月和暴雨的侵襲下翻山越嶺，長途跋涉。」

「才走了一個小時，我一隻長統靴的鞋釘突出鞋底，扎傷了腳。到了傍晚，雙腳都流出血，傷口範圍像硬幣般大小。我能一瘸一拐地走完一百四十英哩嗎？別人的情況也和我差不多，有的甚至更糟糕，他們能不能走到呢？我們都以爲自己完蛋了，但是又不能不走。爲了在夜晚降臨前找個休息的地方，我們別無選擇，只好硬著頭皮走完接下來的一英哩路。就這樣一英哩接著一英哩，我們終於走到目的地。」

「當我推掉其他工作，開始寫一本二十五萬字的書時，心一直定不下來。好幾次，我差點就放棄一直引以爲榮的教授尊嚴，想大聲地說：『我不想寫了！』可是，我沒有這樣做。最後，我強迫自己只去想下一個段落該怎麼寫，而非下一頁，當然更不是下一章。整整六個月的時間，除了一段一段不停地寫以外，什麼事情也沒做，結果居然寫完了。」

「幾年以前，我接了一件每天寫一個廣播劇本的差事，到目前爲止一共寫了二千個。如果當時簽了一張『寫作二千個劇本』的合約，一定會被這個龐大的數目嚇倒，甚至把它推掉。好在，一次只寫一個劇本，接著又寫一個，就這樣日積月累，眞的寫出這麼多部了。」

不要害怕眼前或想像中的困境，成果是一步步累積出來的，只要能跨出第一步，不停地往前走，就能達到目的地。冷靜地想想，有時候看起來像「障礙」的東西，其實不存在，都是自己給自己的限制，只要用冷靜的心情面對困境，能跨越它，就能繼續往前進。

很多人面對挑戰時，第一個浮現在腦海裡的念頭就是慌亂地認爲：「我一定做不到，那太困難了！」

或許是因爲負荷量太大，也或者是因爲難度太高，許多人行動之前總認爲自己不可能做得到。然而，不管是哪一種理由，只要下定決心開始進行，任何事都不會太難。

會以爲因難重重，是因爲潛能並沒有完全發揮。要知道，人類碰到逆境之時，往往能刺激潛能，發揮意想不到的能力。

別想著還有多少事情還沒完成，先做再說。路邊的小花即使颳風下雨，只要活著，就會努力生長，因爲那是它將生命延續下去的生存本能。人也一樣，不管如何都得朝目標勇敢前進。

熱愛工作，生活才不會白白渡過

只要能夠對自己的工作保持一定的興趣，那一切對工作的投入都不會浪費，每一個環節的付出與努力都是會有收穫的。

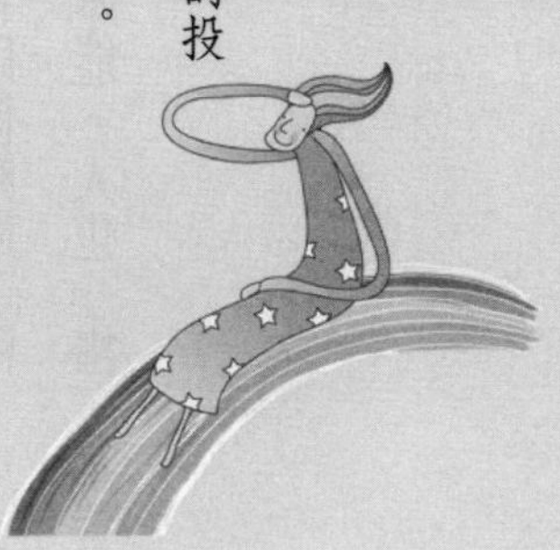

你是如何看待你的工作？是一份可以充分獲得成就感的事業？是一份養家活口的職業？抑或只是混吃等死地不務正業？

其實，工作也可以不僅僅是一份工作，端看你自己如何決定，依循你不同的態度，你在工作中就會有不同的收穫。

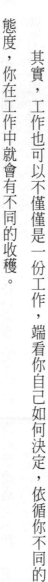

那是一棟老舊的大樓，四周牆上都被塗鴉塗得亂七八糟，再加上老舊斑駁的門面，感覺上實在不是一個優良的居住場所。這棟大樓還附有一座人工操作的電梯，電梯裡有一位管理員專門負責管理電梯上下樓。

某次，一名外來客初次來到這棟大樓，一看到大樓破舊的外觀，心裡實在有點不想進去，可是礙於工作的需要，他一定要拜訪一位這棟大樓裡的住戶，於是只好硬著頭皮走了進去。

電梯前已經有許多人在排隊，沒一會兒電梯就來了，人們蜂擁而入，他也跟著一起被擠了進去。

一進電梯，他就被嚇了一跳，因爲電梯裡貼滿各式各樣的照片，角落裡有盆栽，操作台上有花瓶，瓶裡插著新鮮的花朵，整個電梯裡迴盪著花香和輕柔的音樂，而且除了他以外，搭乘電梯的每個人都主動向操作電梯的管理員打招呼，管理員也熱切地和每個人閒話家常。

之後，某一個樓層到了，一個剛出去的乘客順手放了一瓶蕃茄醬在角落的箱子裡。他注意到箱子裡有一大堆罐頭食品，箱子外則貼了一張紙條，紙條上寫著：

「請幫忙資助窮人」。

他身旁一位女士發現他的目光，對他說：「管理員每個月都主動幫貧民區裡的貧窮人家募集食品，我們只要能力所及，也都很樂意幫他。」

由於這一位管理員實在太令人印象深刻了，所以當他拜訪完住戶，便藉著搭電梯的時間與管理員聊天。原來，剛開始管理員並不是那麼熱愛這份操作電梯的工作，每天看著板著臉搭電梯的人進進出出，自己也不免板著一張臉工作，日子過得無聊透頂，工作也如嚼蠟般，一點意思也沒有。

後來，有一天他一早就被孩子發生的糗事逗得很開心，忍不住就把這件事當成笑話說了出來。當時電梯裡只有一位女士，那名女士聽了，也忍不住笑了出來，那一剎那間，電梯裡的氣氛似乎有了一點點小變化。

於是，他心想：「也許這些人的心裡都有幽默的火花，只是需要激發罷了。」之後他開始試著改變電梯裡一成不變的擺設，這些改變乘客也都察覺到了，慢慢地，大家便從偶爾點頭微笑到開始熱切聊天了。

不論是鮮花還是音樂，每一項改變都博得住戶們的認同，他工作起來也就特別帶勁了。現在，他不再覺得人生無味，反而每天開始期待工作時間的來臨，因爲他已經對工作產生了濃厚的興趣，也獲得了極大的成就感。

他說：「有些人會說：『感謝上帝，又到了星期五』，因爲他們總是迫切期盼周末的來臨；至於我則說：『感謝上帝，終於到了星期一』，因爲我又可以開始工作了。」

老闆會從員工的工作態度中判斷員工對於工作的熱誠，通常這一份熱誠與工作的產值有極大的關連性，也是老闆評價員工時最大的指標。

做一份喜歡的工作，自然熱誠就高了一些，一旦工作的內容有所變化，當然也會影響到熱誠度的高低。

只是，如果你對於你的工作完全沒有興趣，也完全不想從工作中努力找尋出一點樂趣，那麼，你爲什麼還堅持著這份工作呢？與其固守在此浪費生命，爲什麼不去找一份你願意眞心投入的工作呢？

只要能夠對自己的工作保持一定的興趣，那一切對工作的投入都不會浪費，因爲在每一個環節的付出與努力都是會有收穫的，而且這份收穫不單是金錢上的報酬而已，更重要的是從中獲得的滿足感與成就感。

所以，如果你想繼續保有現在的工作，並讓每天的工作時間多一點快樂，那麼就試著去喜歡你的工作吧！試著熱愛你的工作，你會發現工作也將漸漸變成你熱愛的模樣。

轉個念頭，讓心更自由

真正的愛不會相互束縛，而是相互提攜；在愛情的國度裡，心既是自由的，也是屬於彼此的。

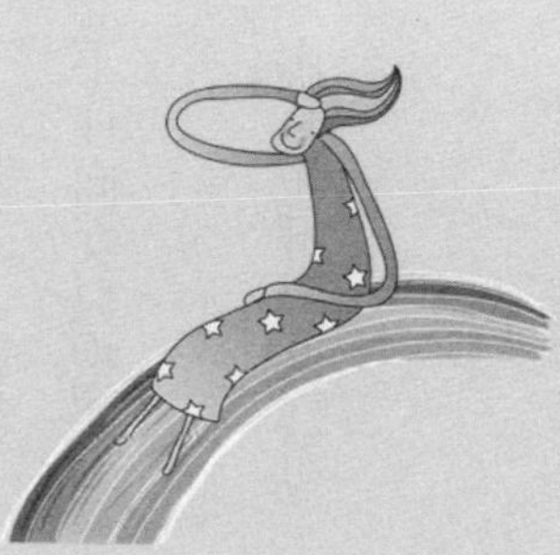

你是否曾經因爲別人對自己不夠關心而難過？你是否曾經因爲別人對自己干涉過多而生氣？

如果兩題的答案都是「是」，那麼，似乎有必要思考一下，爲什麼人跟人之間的距離這麼難拿捏？

我們很清楚人是群居的動物，一旦落單了，心裡就會產生一種孤寂感；可是，人又是有感情的動物，一旦有了情感，就會在乎，就會企求，就會希望彼此間的距離再拉近，最能好永遠在一起，一旦拉得太近，黏在一起太久，反而會彼此折磨。

因此，人與人之間的關係就是要「有點黏又不太黏」才行。

其實，什麼事都別想得太極端，有時候轉個念頭，說不定讓心更自由。

有一位女作家曾經表示，她十分敬佩像父母親那樣上一輩的人，他們或許沒有轟轟烈烈的愛情，但是多半能白頭偕老，一起走過一輩子。

當然，並不是說老一輩的人每個婚姻都很幸福，但是他們多半很努力在維持家庭的和諧。像那位女作家就提起一段和母親之間的對話。

當時，父親與母親因爲細故而吵架，母親見她回家，忍不住向女兒抱怨老伴的脾氣。女兒聽了，開玩笑地說：「不如換一個算了！」

母親聽了，沒好氣地瞪了她一眼說：「妳在胡說什麼啊？妳爸也就這些缺點，能讓的就讓吧，不然要怎麼過日子？」

女作家對於父母之間的感情印象深刻，對母親說的那句話也記憶猶新，她發現你如果真的愛一個人，是可以忍耐的，你也會願意忍耐。

換句話說，如果你發現自己竟然能長久忍耐著一個人，那麼，你對他的愛一定非常深切。

假使永遠是一個背著一個，能走得了多遠呢？若是一個推著一個，到得了未來嗎？

尊重對方、關愛彼此，才能執子之手與子偕老；牽著手，相互扶持，才能走得長長久久。

亙古以來，愛情是人與人之間不會消逝的一種情感。真正的愛不會相互束縛，而是相互提攜；不會一味指責，而是適時忍讓。

在愛情的國度裡，心既是自由的，也是屬於彼此的，雖然雙宿雙飛，卻仍是兩個獨立的個體。

如果我們堅持對方要爲了我們而改變，改變成我們心底的完美形象，那麼最後對方那些原本吸引我們的特質，會不會也跟著被改掉了呢？

如果我們執意爲了對方改變，改變成對方所希望的模樣，甚至完全失去了自我，那萬一對方的喜好變了，我們又該如何自處呢？

愛情不是利用這種方式來維持的，而是要在愛自己與愛對方的中間努力取得平衡點，只有如此，才能順利攜手共渡一生。

生氣不如爭氣，抱怨不如改變

學會愛人，學會懂得愛，學會做一個幸福的人——這就是要學會尊重自己，就是要學會人類的美德。

——馬卡連柯

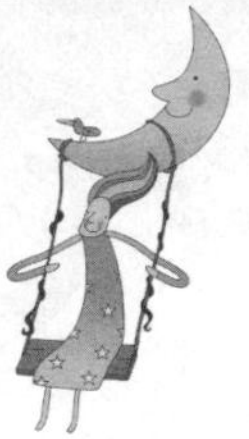

一句鼓勵的好話，勝過千萬句責罵

一句好話語、一個好表情、一個好動作，都可以令人從中得到力量，也是人與人之間溝通的最佳工具。

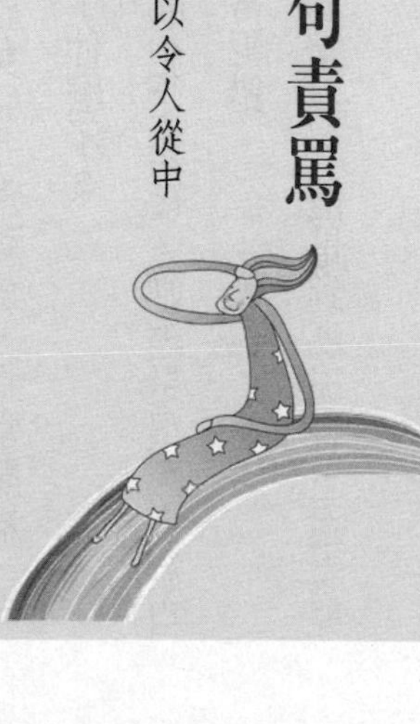

有人曾做過一個說好話的實驗，對著一杯水說一句好話，這杯水所凝結出來的結晶就是美麗好看的造型；可是對著水說出責罵的話語，就使水結晶出現碎裂不完整的醜陋樣貌。

經這個實驗過後，人們才明白原來一句好話、一句壞話能造成這麼大的影響和變化。後來，也有人做過後續的實驗，發現在同樣的外在條件下，對米飯說好話，飯酸腐的速度較慢，長出來的霉也是毒性較小的白黴菌；至於被咒罵或是不理不睬的米飯則很快就酸腐了，而且會長出黑黑綠綠的大量黴菌。

看似無生命的事物尚且如此了，更何況是人呢？

稱讚不一定得用言語表達，一位辛苦工作一整天的母親，回到家看見孩子期待且開心的笑容，疲累也消失了一半；費盡工夫做出的一桌好菜，看著吃飯的人露出享受的表情，做菜的辛苦也少了一大半。

但是，如果連嘴上的好話都不說，連個鼓勵的笑容都不給，這種嚴厲的態度，自然會使生命體受到傷害。

有一位母親回憶起自己女兒小時候的事。由於女兒非常頑皮，常常闖禍，所以她開口對女兒說的第一句話永遠是：「妳又做了什麼了？」

責罵與處罰女兒雖不是她所願，但是孩子真的犯了錯後，她總是很難克制自己的怒氣。只是，小女孩被罵慣了，還是一樣經常犯錯。

有一天，孩子表現得異常優秀，一整天都沒有闖禍，但是到那天晚上送女兒

上床睡覺時，女兒竟然哭了起來。

她覺得很訝異，本來好好的怎麼突然哭了起來，於是問女兒到底發生什麼事，只見女兒一邊哭，一邊問：「難道我今天沒有很乖嗎？」

她一聽就愣住了，原來女兒對於有沒有挨罵，並沒有很大的感覺，但是沒有受到稱讚這件事卻十分在意。於是，她趕緊將女兒抱在懷裡，告訴她：「妳今天很乖，沒有闖禍，沒有惹媽媽生氣，是最乖的小女孩了！」

女兒聽完，總算破涕爲笑。

孩子總是希望能得到別人的肯定，每一次獲得稱讚都會使他們對自己更有信心，也有更高、更積極的學習意願，通常也會表現得更好。

相反的，據說如果一個人在童年期受到過多責罵，也很少受到讚揚，那童年的陰影將會影響他一生的人格發展。

然而，又豈止兒童需要受到讚揚，夫妻之間若能經常適時地說一些使對方感到高興的話，那就等於保了最好的婚姻保險，因爲眞誠地讚揚別人，往往能幫助我們消除日常生活中所產生的種種摩擦與不快。

欣賞的目光、燦爛的微笑都是稱讚的表現；一句好話語、一個好表情、一個好動作，都可以令人從中得到力量，這都是不同形式的稱讚，也都是人與人之間溝通的最佳工具。

稱讚不是虛情假意的阿諛，也不是矯揉造作地拍馬屁，是眞心對別人的好處表達善意。接受別人的幫助，誠心地向對方表達謝意，就是對對方的善意表現表示眞誠的稱讚。

生氣不如爭氣，抱怨不如改變

就是在最好的、最友善的、最單純的人生關係中，稱讚也是必要的，正如滑油對輪子是必要的，可以使輪子轉得快。

——列夫．托爾斯泰

可以說眞話，何必說善意的謊話？

一開始便開誠佈公，由對方來決定該怎麼應對，而不是以為自己在替對方著想，剝奪了對方知的權利。

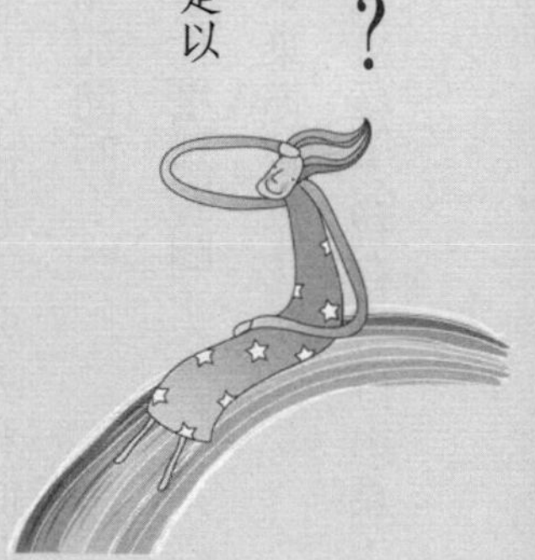

隱瞞是一件愚蠢的事，因爲不管眞相是好還是壞，在知道眞實的情況時，每個被隱瞞的人通常不見得會高興。畢竟，沒有人喜歡被欺瞞的感覺，除非這個謊言永遠不會被拆穿，除非眞相永遠不會被發現。

有時候眞的覺得若要人不知，除非己莫爲。如果不是事實，那麼眞相總有大白的一天，如果眞的曾有不軌，再怎麼掩蓋也藏匿不住，同樣的，不論再怎麼隱瞞，事實總是會披露出來。

所以，與其在眞相被揭發後面對被欺瞞者的怒氣和不滿，不如一開始就說眞話。謊言，斷絕了彼此了解的管道，壞的謊言如此，善意的謊言也如此。

在克利的記憶中，他的父親瘸著腿，工作平凡、收入平凡，不是大企業的大老闆，也沒有什麼大志業，更看不出有什麼才能。

而且因爲有個瘸腿的父親，讓他總是被鎭上的孩子嘲笑，而父親卻連抗議的聲音都沒有，他心裡覺得非常丟臉，也就更討厭父親了，總不禁暗恨，爲什麼母親要和這樣的人結婚？

克利是學校籃球隊的隊長，市內總決賽的那一天，他問母親要不要去看他比賽，母親笑著說：「當然要去啊，我和你爸爸都會去幫你加油的！」

聽到父親也會去，克利的臉沉了下來：「殘廢的人看什麼球賽啊！」

母親一聽也變了臉色，「這是什麼話，難道你是在嫌棄你爸爸？」

這時，正巧父親從房裡走了出來，彷若沒事地說：「這幾天我有事得出差，有什麼事你們自己處理就好了。」母子兩人一時無言以對。

在那場籃球賽中，克利的球隊果然得到冠軍。他母親很高興地說：「走吧，回家告訴你爸爸這個好消息！」

一提到父親，克利又開始鬧彆扭：「我們現在不要提他好不好？」

他的母親停下腳步，一臉怒容地說：「克利，你站住，聽我說。這些話我本來答應你父親不對你說的，但是，再這麼下去，你的作爲將會嚴重傷害到你父親的。」

克利聽到母親的話後，雖然停了下來，卻固執地不看母親。

母親說：「你知道你父親的腿是怎麼瘸的嗎？」

克利說：「我哪知道啊？」

母親走到他面前，要他抬起頭來，對他說：「他是爲了救你，才會受傷的。你兩歲的時候愛玩，趁我不注意時溜到馬路上，結果一輛車子突然衝過來，還好這時候你父親剛好下班回家，他馬上撲過去抱住你，結果左腿就被壓在車輪下面了。」

克利猛然抬頭，看著母親一臉憂傷的表情，好不容易才找到聲音回話：「爲什麼……爲什麼我從來都不知道？」

「你爸爸怕你心裡有負擔，所以一直不讓我告訴你。」

母親的話在克利耳邊迴盪，又想起出門前父親故意假裝忙碌的模樣，克利不禁羞愧地紅了眼眶。

一個好父親因爲一個善意的隱瞞，被兒子誤解與嫌惡了好多年。試想，這樣的隱瞞眞有必要嗎？這樣的誤會是否原本可以避免呢？

克利的父親爲了拯救兒子的性命而犧牲，這件事雖然沒有什麼好宣揚的，但也是種偉大的父愛情操啊，有什麼需要隱瞞的？當然，並非是要成天把恩惠掛在嘴上希望兒子感恩，但是，兒子有權決定自己該怎麼反應，不是嗎？明明是爲了兒子著想，反而造成兒子誤會甚至是厭惡，值得嗎？

早知如此，一開始便開誠佈公，由對方來決定該怎麼應對，而不是以爲自己在替對方著想，剝奪了對方知的權利，這樣，誰也高興不起來的。

沒有人想要當壞人，克利便是在父母的刻意隱瞞之下，當了好一陣子的逆子，這難道不算是父母的失誤嗎？在克利爲了自己曲解父親而感到羞愧時，他的父母應該也對自己讓兒子必須羞愧一事感到羞愧。

隱瞞本身就不是一件正確的事，不論是善意或惡意的隱瞞均是如此。若是爲了自身的利益而刻意隱瞞，自然是種詐欺的行爲，但即便是爲了對方著想而隱瞞事實，也不見得是個正確的決定。因爲，眞相總有被揭露的一天，到那時，對方不但要面對突如其來的眞相，還得承受長久被隱瞞的痛苦，如此所造成的衝擊想必會加倍的大，當初的好意當然也白費了。

光是同情，無法改變對方的處境

關懷，不該只是不痛不癢地為人垂淚，而是該讓他們知道只有堅強起來，才是擺脫困境和命運的唯一途徑。

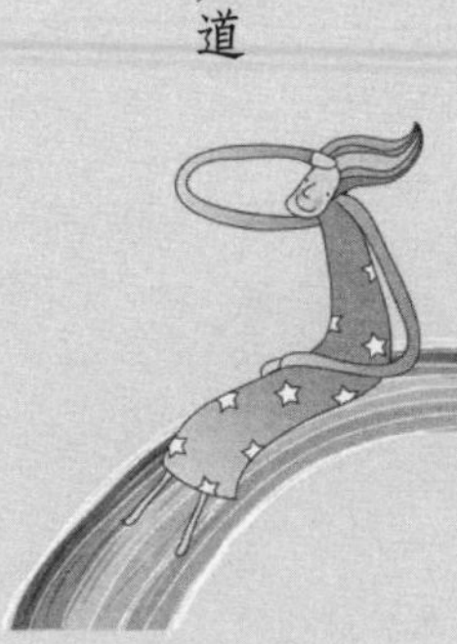

有一個論點是這麼說的，同情弱者是爲了突顯個人的成就感與優越感，藉由幫助別人、憐憫別人的方式來肯定自我的價值。

但也有另一個論點，認爲同情弱者並不能眞正幫助弱者，只會使弱者更弱，使其意志消沉，進而變成依賴他人。

雖然兩個論點的說法不同，但都告訴我們，同情無法給予實質的幫助；不論你的同情是憐憫式的，或是發自內心深處的，對方的處境都不會有所改變，所以，

與其同情，不如激勵。

有個人因爲工作意外而失去一隻手，許多親朋好友聽到這個消息，都趕到醫院來安慰他，甚至報以同情的淚水。

只有他的爺爺與衆不同，非但在探訪的過程中始終帶著笑容，更緊握著他僅剩的一隻手，不停說笑話給他聽。

當爺爺要離開時，他笑著對爺爺說：「爺爺，謝謝您。因爲您很清楚我需要的其實不是眼淚。」

爺爺聽了點點頭，才笑著離開病房。

同情的表現是因爲我們試圖站在對方的立場、試圖體驗他人的感受，因而產生心同此理的感覺，於是便感到了對方的傷痛。然而，反過來想，這樣的感受在受到傷害的當事人心底，豈不是加倍地強烈嗎？所以，旁人的同情只會讓當事人更覺得痛苦，更加察覺到「受傷的人是我！」

看到別人不幸，別同情！這並非要我們變得冷酷無情，而是期許我們能忍住心頭的哀傷，以歡笑與堅強引導對方從悲痛的陰影中走出來。

關懷，不該只是不痛不癢地爲人垂淚，而是該站在弱者的身旁陪伴他一同前進，因爲他們需要的不是「喔！你好可憐啊！」而是「堅強起來，我相信你能做到的。」

所以別同情，因爲只有正視現實，才會激發一個人潛在的精神意志，才會讓弱者在黑暗中看到希望，讓他們知道只有堅強起來，才是擺脫困境和命運的唯一途徑。

生氣不如爭氣，抱怨不如改變

我們不能控制生活，但是我們能夠和它鬥爭。

——高爾斯華綏

美不代表實力，努力才會順利

真正有實力的人，絕對不會只依靠外表，因為他們知道，重要的是有沒有真材實料，所以懂得努力充實內涵。

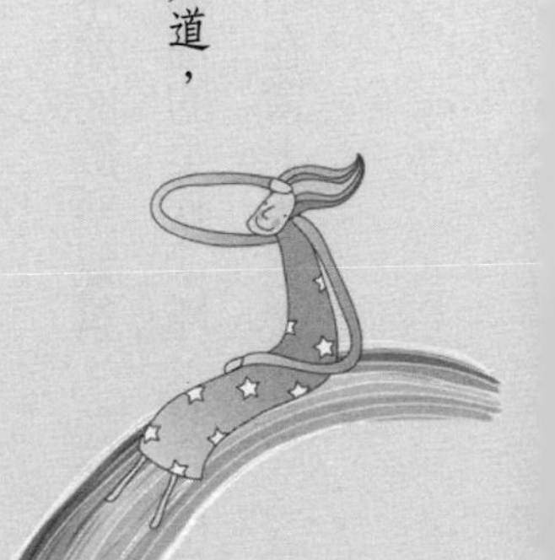

我們必須承認，外表上的美好的確帶來某些便利性，也能爲自己帶來信心。但是，我們也不能否認，光有好看的外表而無實際的內涵，只是中看不中用的繡花枕頭，隨便一試就知眞假。

所以，外表好看只是意味著你可能可以得到多一點機會，但只要你不夠努力、沒有實力，那也無法把握這些機會。

有些人怕胖、怕老，透過整型、拉皮讓自己擁有一副美好的外表，企求可以憑此獲得更多機會。

這種想法原本無可厚非，但如果始終只著重在外表的修飾，不知加強內在的涵養，美麗也只是虛無的。

相反的，雖然不夠美麗的外表會使人不起眼，甚至會因而喪失一些機會，但是卻因爲珍惜得來不易的機會，會加倍努力去完成自己的任務，踏實與盡責的表現，往往最後會令人印象深刻。

有一對夫婦喜歡自己動手做東西，包括身上的衣服、屋子裡的傢俱等等，大部分都是夫妻兩人親自動手製作的。

他們在房子裡擺了一棵聖誕樹，讓整間屋子充滿年節的歡樂氣氛；在地上舖了絨毛做的嫩草色地毯，讓地板看起來就像是一片綠油油的柔軟草坪；窗外還掛著放有飼料的吊碗，所以前來覓食的鳥兒總是不介意站在窗上多唱幾首歌，讓美妙的歌聲迴盪在整間屋裡。

他們家的每一樣傢俱都充滿自然風味，都是從大自然中取材，保留原本的形式，又加上夫妻兩人新鮮的創意，所以每一件都是功能性與藝術性兼具的實用傢俱。

這是間旁人難以想像的小屋，從外表看起來只是一間簡單樸實的木屋，可是一進到屋內，就感受到令人驚喜的田園風情，只有眞正前來拜訪、有緣進屋的人才能感受到這份驚奇。

你是不是也曾錯眼失手，買到金玉其外、敗絮其中的物品，心裡因而覺得生氣？你是不是也曾買過一大包看似不起眼的水果，結果吃起來卻分外香甜，心底因而覺得欣喜？

不論你覺得吃虧了、賺到了，其實都只是一時一刻的感受，因爲名實不符的誤差所造成的感受。

眞正的品質是不會因爲外在條件的改變而有所改變的，就如眞正的價值也不會因為外表的美醜而有所影響，一個人的實力和努力都不是美麗亮眼的外表所能取代的。

眞正有實力的人，絕對不會只依靠外表，因為他們知道光是外表好看沒有用，重要的是有沒有眞材實料，所以懂得努力充實內涵。美麗無法取代實力，努力才會順利；空有美麗的外表而不充實內涵的人，其實也算是一種欺騙，最終只會被人厭棄。

品味簡單的幸福，就能從容過日子

凡事經細細品味，放慢腳步，從容度日，就能有效地舒緩壓力，讓生理機能恢復正常的轉速。

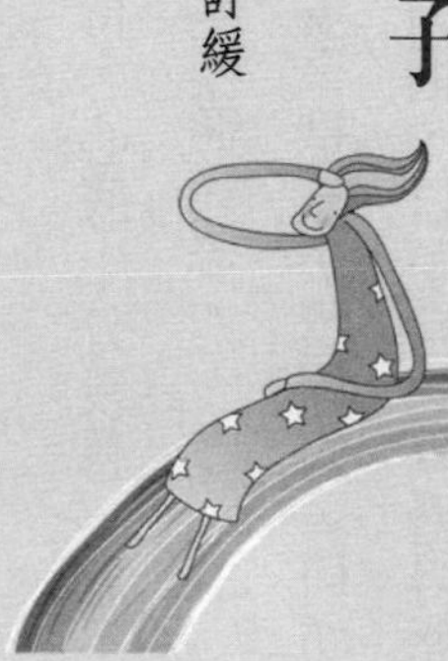

無論窮人還是富人，我們所要的幸福其實並無本質上的差別，因爲幸福是種內心的感受，不一定需要許多物質條件支持。

其實，要得到幸福很簡單，關鍵要素便是：學會從容地生活。例如，你可以悠閒地漫步在森林中，腳下踩著如毯般的松針，仰望縱橫交錯的參天大樹，以及從樹梢灑落下來的光影，從大自然的身上汲取美感，淨化我們渾沌的氣質。

體會自然給予的感動，這就是種簡單的幸福吧！

試著放慢腳步，慢慢體會從容給予我們的心靈美感與幸福。

曾看過一部影片，劇中描述一架飛機遇上亂流，在飛機急速下墜的時候，滿機的乘客紛紛驚慌地哭叫，有人求上天保佑，有人憤而大罵，只有一名滿頭銀髮的紳士始終安安靜靜地坐著。

一名空姐看見了，相當佩服地對他說：「先生，您真勇敢。」

老紳士聽了，微笑著回答說：「小姐，人生有太多不確定的因素，我們能控制的只有自己的態度而已。」

這種從容的態度著實令人敬佩。

我也曾拜訪過一位退休的教授，見他生活得悠閒自得，心底十分羨慕，忍不住向恩師請教，究竟要怎樣才能像他一樣把人生過得如此充滿美感。

老教授細細地品了一口煙，然後說：「生活中有太多事是無法選擇的，何妨隨遇而安，來什麼就品味什麼、體會什麼，沒有那麼多煩惱，日子自然就過得悠閒了。像我昨天到一個朋友家中喝茶，覺得那茶眞好，今天雖然沒辦法喝到那麼好的茶，但是有茶喝就不錯了，就算連茶都沒有，喝喝開水也是件好事啊！」

原來，教授的悠閒與從容，來自於隨性與自在。

凡事經細細品味過後，似乎連感覺到的層次都增加了許多。放慢腳步，從容度日，就能有效地舒緩壓力，讓生理機能恢復正常的轉速。

遇到危難的時候，慌張是最糟的處理方式，因爲非但於事無補，還會使得原本混亂的局面更加混亂，不如冷靜思考、從容應對，反正總會有個結果，又何必慌慌張張？更何況，有些事是急不得的，得要慢工才出細活。

另外，減低生活裡對物質的慾望，就不會產生過多的焦慮，也不用擔心這裡不足、那裡不夠。學會品味簡單的幸福，你會發現，很多擔心都是多餘的。

有時候，順其自然其實也沒有什麼不好，隨遇而安，日子反而過得更快樂、更悠閒，如此，自然就有一種寧靜雅致的美感散發出來了。

PART 7

選擇自己最順手的武器

成功的方式不會只有一種，
唯有選擇最適合自己的方法和手段，
才能達到真正事半功倍的效用。

發掘自己的價值，使人生更充實

一個人擁有多少「價值」，高不高貴，絕對不是他人認定的標準，而是出自本身的內涵和認知。

熊貓之所以珍貴，在於牠們稀少，被定位爲保育類動物。這個「價值」的認定，是外在給予的。

從這個角度來看，身爲人類的我們，其實也應該好好珍視自己。因爲，就算全世界有幾十億人口，可是，你，只有一個，世界上不可能有第二個「你」存在。這樣的自己，也算是稀有的保育類動物吧！

一個年輕人覺得自己什麼事都做不好，大家都嘲笑他沒用，又蠢又笨。他非常難過，找老師訴說煩惱。

老師說：「孩子，我很遺憾，現在幫不了你，我得先解決自己的問題。」他停頓了一下，繼續說道：「這樣吧，如果你先幫我個忙，等我的問題解決後，或許可以幫助你。」

「如果能幫上您的忙……是我的榮幸。」年輕人很沒自信地回答。

老師把一枚戒指從手指上摘下來，交給他說：「騎著馬到市集去，幫我賣掉這枚戒指，我要還債。記住，要賣個好價錢，最低不能少於一個金幣。」

年輕人拿著戒指離開了，一到市集，就拿出戒指叫賣。

人們紛紛圍上前，當年輕人說出戒指的價格後，有人嘲笑他，有人說他瘋了，只有一位老人好心地向他解釋，一個金幣是很值錢的，用來換這樣一枚戒指一點也不划算。有人想用一個銀幣和一些不值錢的銅器交換這枚戒指，但年輕人記著老師的叮囑，斷然拒絕了。

年輕人騎著馬緩緩歸來，沮喪地對老師說：「對不起，我沒有換到您要的一個金幣，可能可以換到幾個銀幣吧。」

「孩子，」老師微笑著說：「首先，我們應該知道這枚戒指的真正價值。你再騎馬到珠寶商那兒，告訴他我想賣這枚戒指，問問他給多少錢。但是，不管他說什麼，你都不要賣，帶著戒指回來。」

年輕人來到珠寶商的店，商人在燈光下用放大鏡仔細檢驗戒指後說：「年輕人，告訴你的老師，如果他現在就想賣，我最多給他五十八個金幣。」

「五十八個金幣？」年輕人不敢相信自己的耳朵。

「是啊，我知道要是再過久一點，也許可以賣到七十個金幣。關鍵在於你的老師是不是急著要賣。」珠寶商說。

年輕人激動地跑到老師家，把珠寶商說的話告訴老師。

老師聽後說：「孩子，你就像這枚戒指，但是，只有真正內行的人才能發現你的價值。每個人都像這枚戒指，在人生這個大市場裡要自我珍視，同時也要努力，讓我們遇到的人，就算不內行，也能發現我們眞正的價值。」

年輕人頓悟，也將眉頭舒展開來。

人在徬徨迷惑的境遇中，最容易懷疑自己存在的價值，正因爲胸臆中充滿懷疑，往往不懂得珍惜自己。

其實，衡量一個人擁有多少「價值」，高不高貴，絕對不是他人認定的標準，而是出自本身的內涵和認知。就如同拉羅修克夫曾經說過的：「人的生命就像果實一般，同樣各有他成熟的季節。」

每個人人生的高峰期都不一樣，就像水果有屬於自己成熟的季節一樣。重要的是在等待的階段，必須了解自己、努力充實自己，使成熟季節保持更久，使果實長得更完美。

除了自己，沒人能羞辱你

沒有人能阻止你向前，也沒有人可以無的放矢地污辱你。
所有的結果全都來自於你心中的選擇，我們要為自己負責。

人是一種奇怪的動物，無法獨立生存，從出生以後必須受到衆多的照顧，然後在慢慢自立的過程中，學習生活的技能，進而相互合作存活下去。

也許是因爲人與人之間著種種關係，所以人往往會特別注意到自己在別人眼中是什麼樣子，別人怎麼評價自己。

每個人都希望自己受人尊重和重視，但是在人的社會裡，總有些人會受到鄙視及羞辱、遭到不平等的待遇。

鄙視和羞辱自然是相當不好的經驗，任誰遇上這樣的對待，心裡必定不好受。不過，我們在怨怪對方爲何如此之前，最好先捫心自問：「我犯了什麼錯誤嗎？」

如果問心無愧，是對方無的放矢或惡意挑釁，那麼羞愧的該是對方而不是自己。如果，問題當眞出在自己，就應當虛心接受，然後設法改過，如此一來就沒有什麼好羞愧痛苦的了。

改變心境，就能改變困境，除了自己，其實是沒有人能夠羞辱你的。

有一個年輕人跪在街頭乞討，胸前掛了個牌子，表示自己大學畢業後來到這座城市謀求發展，卻始終找不到工作，希望善心人士能夠憐憫他，幫助他度過生活的危機。

不久之後，迎面來了一個老人，到了年輕人面前劈頭就問：「你眞的是個大學生嗎？」

年輕人點點頭。結果，老人竟像頭暴怒的獅子一般對著年輕人痛罵：「給我把手收回去！你這個不知羞恥的傢伙，瞧你這副模樣也配稱作大學生？我看你書都白唸了，一個人眞正想找工作會找不到嗎？什麼都不做就跪在這裡乞討，簡直丟人現眼！你給我起來，快滾，滾得越遠越好！……」

隨後衝上來一個男人，趕忙將老人拉住，並對年輕人道歉。

「不好意思，我父親他……他不是有意的。」

「什麼不是有意的？我就是要罵他，我要罵醒他！年輕人有手有腳，卻跪在那裡乞討，成什麼樣！」老人的聲音又大了起來。

那名乞討的年輕人羞愧得無地自容，眞的在衆目睽睽之下站起來，收起他的東西默默走開。

待那名年輕人漸漸走遠了，老人卻從衣袋裡拿出幾張鈔票，然後要兒子拿去給那個年輕人。

當男人追上那名年輕人時，年輕人卻婉謝了老人的鈔票，眞誠地說：「謝謝你父親，我將一生銘記他的教誨。請你轉告他，我知道接下來該怎麼做了。」說完轉身就走。

男人望著他的背影，發現他不像方才那樣垂著肩、駝著背，反倒昂起頭、挺著胸，似乎已找到人生的方向。

面對失敗、挫折，絕大多數人選擇生氣、抱怨和逃避，整天怪東怪西，怪環境怪社會，怪命運怪景氣，就是不肯靜下心來檢討自己。唯有放下怨懟的心理，控制自己的負面情緒，人生才可能豁然開朗。

老人給予年輕人的禮物是一陣當頭棒喝，這份禮物帶來了羞辱，也帶來了痛苦，卻刺激了他重新燃起動力，朝未來前進。

沒有人能阻止你向前，也沒有人可以無的放矢地污辱你。所有的結果全都來自於你心中的選擇，你必須爲自己負責。

眼前的阻礙、外在的困頓，只要我們明白問題所在，掌握處理方向，有勇氣去面對、解決，一切就都不是問題。

不要忘了，心靈的殘缺，才是最可悲的。

何妨檢視一下，想想自己是否有勇氣像老人一般，無懼地給人當頭棒喝？是否有勇氣像年輕人一樣，勇於接受他人的批評進而即刻改變？

唯有自愛才能愛人，唯有愛人才能得人所愛，這一切都操之在己。

千萬要記住，一個人面對環境的態度，可以主宰他的一生。

假如一個人自甘卑下，不敢挑戰困劣的環境，內心充滿著「無能爲力」的消極想法，那麼最後就會淪爲既可憐又可鄙的人。

一個人的態度，關係到自己的人生高度，如果不肯改變將自己比做泥土的態度，那麼，就註定一輩子被別人踩在腳下。

邁開大步走自己的道路

如果我們覺得自己的決定沒錯，為什麼不邁開大步走向自己選擇的道路，又為什麼要因為別人的幾句話而動搖呢？

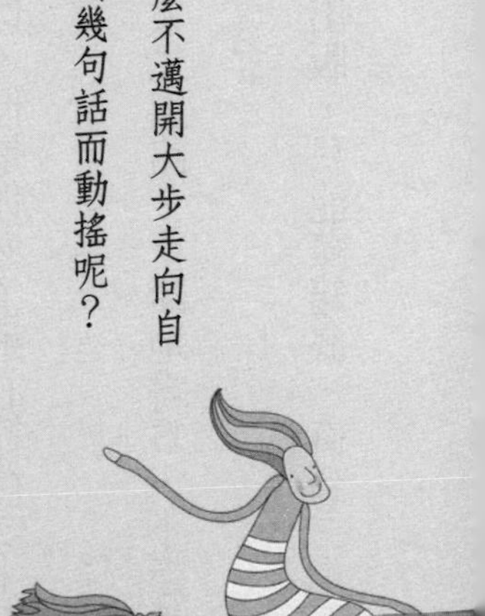

好萊塢最美麗也最有氣質的女星奧黛莉·赫本曾經說過這樣一句話：「我這一生，都照自己的方式生活，從不曾後悔遺憾。」對自己的選擇從不後悔，好令人羨慕的人生態度！

在人生的道路上，我們會面臨無數的抉擇，心中的天平七上八下，總是選不定什麼樣的決定才是最好的。往往做了決定，得到了結果，又會後悔自己當初應該做另一個決定才對。

於是，人生就在不斷的後悔之中度過，終其一生自己的心都不曾自由，就算決定是自己所做，也始終認爲自己在爲別人而活。

然而，事實眞的是如此嗎？恐怕這只是推託之辭吧，因爲這麼想才能把所有的過錯推給別人：我這一生的所有不如意，都是別人害的！與其要聽從別人的意見行事，事後再來後悔，何不學學奧黛莉．赫本照自己的方式生活，爲自己的人生負責？

美國著名的偵探小說作家蘇格拉夫頓女士，曾經自述：「如果在二十五年前就有人告訴你，你將能得到你想得到的一切，但是你必須耐心等待二十五年，你將作何感想？你該如何走眼前的道路？」

她選擇的方式是無畏無畏走向自己的人生道路，不斷地書寫，不斷地創作，度過了二十五年窮困、沉寂、沒沒無聞的日子。

她寫了無數的作品，但從未受人賞識出版，只能藏箱底。直到二十五年後，終於有一家電視公司青睞她的小說，從此大放異彩，揚眉吐氣。

如果你所選擇的生活方式與人生目標，在旁人的眼中是無法實現的，他們總是勸你「那是不可能的」，這樣的日子，你能夠撐多久？你能夠獨排眾議、排除萬能地依照自己的心去生活嗎？

蘇格拉夫頓撐過了二十五年，實現了對自己的承諾；你我也同樣可以，只要我們對自己有足夠的信心、毅力和行動力。

信念夠堅定，就能撐過各種磨難，《呂氏春秋》內有云：「石可破也，而不可奪堅；丹可磨也，而不可奪赤。」

意思就是說，石頭雖然可以將之破碎，卻不可以改變它堅硬的性質；硃砂雖可以被磨碎，卻無法改變它赤紅的顏色。我們的心志與定向，只要夠堅強，同樣也無法被外力改變。

女作家賽珍珠說過：「當人們知道自己是對的時候，是應該勇敢的。」如果我們覺得自己的決定沒錯，爲什麼不邁開大步走向自己選擇的道路，又爲什麼要因爲別人的幾句話而動搖呢？

有人說：「活力旺，是因爲前方有夢。」但我以爲，人不只要心中有夢，更要有圓夢的決心；一旦下定了決心，就不妨放手依照自己的方式去做，往前衝刺，往前追求。

決定之後就別再患得患失，更別因爲一時的失意而後悔，因爲那無助於成功，只有損信念。

選擇自己最順手的武器

成功的方式不會只有一種，唯有選擇最適合自己的方法和手段，才能達到真正事半功倍的效用。

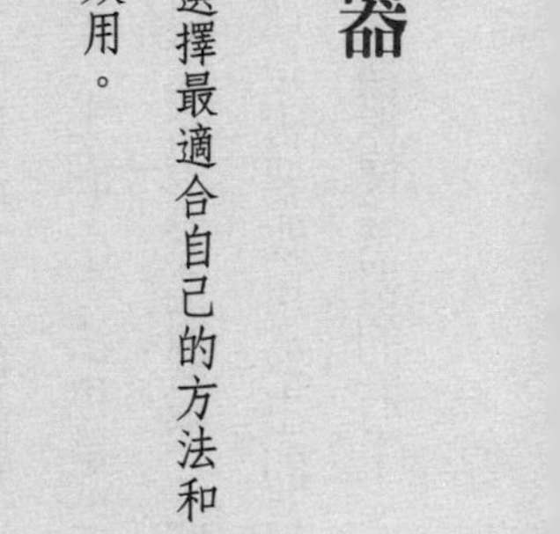

爲了達到成功的目的，我們不只要獲得利器，更要習得技巧。不需要十八般武藝樣樣精通，但至少要保有一技在身。就算是最簡單的技巧，練到精深也能成爲一代宗師。

在闖蕩的過程中，每個人都會有不同的經歷，我們可以看見不同人的方法和技巧。所謂「見賢思齊」，當然是增進自己實力的途徑，但是有時候，別人用來如虎添翼，自己使起來卻顯得不夠順手，發揮不了十足的威力。

別人的建議只是一種參考，主導權終究還是該抓在自己手上。

有一名武士來到城堡外，發現被巨蟒所困的公主，他拔出寶劍，斬殺了巨蟒，也因此奪得公主的芳心。

當第二隻巨蟒出現時，他同樣拔出寶劍，準備出城一戰，但公主卻交給他一條長鞭，告訴他長鞭比寶劍更有效，可以更快速制服巨蟒。

他心裡有點猶豫，但是還是收起寶劍，接過長鞭。果然，在公主的指示之下，他成功地絞殺了巨蟒。

城堡的危機解除，全城歡欣鼓舞，但是武士心裡卻覺得不太痛快，他疑惑自己是否眞能獨攬這項功勞，因爲鞭子是公主的，方法也是公主指示的。

不久，又有巨蟒來襲，武士理所當然要出城保衛城堡。他立刻拔劍衝出城門，但走到一半卻想到上一次的經驗，猶豫是否要改用公主的長鞭，就在這麼失神的一瞬間，巨蟒的口中噴出火焰，燒傷了他慣使兵器的右手。

這下子，無論是劍還是鞭子他都使不上力了。

這時，公主站在城牆上大喊：「快用這包毒藥！」接著丟下一包毒藥。

武士接到藥以後，很快地將毒藥投入巨蟒的嘴裡，巨蟒登時毒發身亡。

眾人又是一陣歡聲雷動，但是武士卻感到非常羞愧，因爲他竟然在戰場上失去身爲一名武士應有的警覺心，差點令自己陷入絕境。雖然公主的方法和策略，最後都幫他奪取了成功，但是，卻令他益發地對自己失去信心。

所以，他決定離開城堡去旅行，獨自思考自己的未來。不久，他又遇上危機時，再度猶豫該選擇哪一種武器。但此時公主並不在他的身邊，望著毒藥和長鞭，他不知該以何種招式應付才有效。千鈞一髮之際，他拔起劍衝向前去，一劍殺死怪物，當他還劍入鞘之時，已經重拾往日的自信。

最後，他將鞭子和毒藥丟下，一個人帶著劍上路。

成功的方式不會只有一種，唯有選擇最適合自己的方法和手段，才能眞正達到事半功倍的效用。如果我們一味地模仿，雖然學到了對方的優點，終究也會學到對方的缺點，假使不夠小心，說不定會帶來反效果。

所謂「他山之石可以攻錯」，別人的經驗當然值得我們借鏡。但是，如果未經思考便全盤接受，不明就裡地依樣畫葫蘆，只學了皮毛，怎麼可能達到同樣的結果呢？

做任何事，主導權都應在自己手上。

我們當然可以接受別人的建議，學習更先進的方法，採取符合趨勢的策略，但是，如果我們從未深入去了解這些建議背後的意涵，不去明白這些方法需要做哪些準備，不去思索這些策略適合用在什麼樣的時機，那麼即使我們做得再像，這些建議、方法、策略也不會眞正爲我們所用。

就好像故事中的武士，雖然公主提供的武器與方法都及時奏效，但是他從未眞正將那些方法納爲己用，所以在緊急時，非但派不上用場，反倒令自己產生了猶豫與遲疑。與其如此，倒不如使用自己最順手的武器和最拿手的招式，或許不及別人的建議來得有效率，但終究能夠取得成功。

收集曾有的春光，照亮未知的陰暗

點點滴滴所累積下來的美好，收藏在心底釀成醇酒。當你覺得沮喪無助時，至少你還保有可以讓你從心底暖和起來的事物。

生命是難以預測的，我們不知道下一刻世界會有什麼樣的變化，同樣的，我們也不清楚人生的意外是否會在下一秒登場。

樂極生悲，否極泰來，似乎人生中就是這麼福禍交雜著，沒有人會永遠享福，或是永遠遭禍。

因此，不管下一刻來臨的是福還是禍，都坦然面對吧！

一味地煩惱災難到來，費盡心思避禍，當幸運之神來敲門的時候，你可能就聽不到了呢！

有一個人在三歲的時候就因爲生病的關係失去了視力。有一次，有位朋友在聊天的時候不小心脫口而出：「可惜那時你才三歲，什麼也不記得。」

朋友說完，立刻發現自己失言，連忙向他道歉。

他卻和藹地微笑著說：「沒關係，其實三歲之前的景象我記得非常清楚。不論是父母的笑、花的紅、樹的綠、陽光的金黃，這些都仍清晰地在我的腦海中，未曾稍減。」

接著，他感慨地說：「每當我消沉的時候，這些美好的事物就會浮現出來安慰我。我總不免會想，比起那些從一出生就失去視力的人，我豈不是幸運太多了嗎？至少我還擁有過那麼多美好的回憶。比起那些雖然看得見卻不懂欣賞這個美好世界的人，我更是比他們幸福多了。因爲，這些美好的回憶雖然短暫卻已經足夠我享用了，而他們卻不知什麼是人生的美好。」

如果我們徒然擁有視力，卻不利用我們的眼睛去看世界的美，去看人生的光芒，豈不是糟蹋了這一對上天賜給我們的禮物？其實，每天都是獨一無二的，人生過程是一種不可或缺的美麗。

你是否在早上剛起床時就想著中午之前必須交報告，因而感覺好好的早餐索然無味？

何不拋掉對過去悔恨和未來的擔心？這能夠幫助你享受當下的快樂，使你的感官更加敏銳。

這些點點滴滴所累積下來的美好，收藏在心底釀成醇酒，當你覺得沮喪無助時，至少你還保有可以讓你從心底暖和起來的事物。何妨輕輕收起那些曾有的春光，照亮生命中那些未知的陰暗角落！

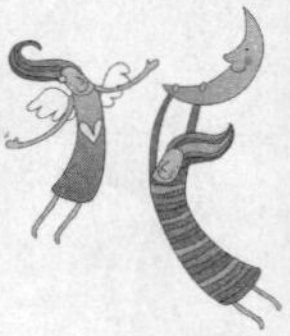

面對機遇，最好不要三心二意

利用每一個機會更深刻地去了解自己，明白自己心之所向，才能借機遇之力，向上躍進。

每天我們都在爲了自己的未來打拼，每天也都有許許多多的機會出現。有些我們分辨得出來，有些我們不知道原來那些是機會。

當機會來臨時，有時候我們不夠聰明，還來不及發現，它就消失了，有些時候，我們太過小心，於是在我們考慮、分析、檢驗……之後，就與機會擦身而過了。記得要當機立斷，如果不能立刻把握住機會，機會就不再屬於你了。

有個窮小子出門打工時，意外撿到一個神奇的葫蘆，心想，說不定這是像童話故事裡的神燈一樣，是個可以許願的葫蘆。

雖然自己覺得有一點好笑，但是有時候幻想一下也蠻好玩的，於是他就許了一個願：「如果我現在能夠立即變得富有就好了。」

想不到奇蹟竟然發生了，他立刻就有了很多很多的錢。難道這眞是個許願葫蘆？這下他可走運了，於是他又想起了自己心愛的姑娘。「如果她能夠馬上成爲我的妻子就好了。」當然，他得到了那位姑娘，兩人立刻成了一對人人稱羨的夫婦。

成了家，立了業，他的一切都順心地完成了。而後他說：「如果我現在就退休，坐享兒孫福的話多好！」一下子，他的身邊果然子孫圍繞，但是很不幸的，他也變成了一個垂垂老者。

這可把他給嚇著了，連忙捧起那個神奇葫蘆哭喊著：「喔！不，請求你讓我變回原來的樣子吧，與其像現在老得什麼都不能動，還不如像從前一樣每天出門打工，傍晚時分約著我心愛的姑娘一起手牽手在樹林裡散步。請讓這一切慢慢來吧！」

葫蘆再顯神通，他的心願完成了，但這一次葫蘆也跟著消失了。

於是，他又變成了一個窮小子，沒錢沒勢，也得不到心愛姑娘的父母認同，能娶她過門的時間遙遙無期。他不禁感到後悔，當時他要是能善用那份葫蘆給予的神奇機會就好了。

人就是這樣，總是在錯過了之後，才後悔不已；總是在失去了之後，才悔恨當初爲何不懂珍惜。

英國詩人喬治·艾略特說：「機會對於不能利用它的人又有何用？時間的浪潮會把它沖去消失。」

就好像故事中的窮小子，大可在葫蘆的幫助之下借力使力，在人生中闖出一番新景象，但是，他卻三心兩意，所以當時機稍縱即逝，最後遺留下來的只是遺憾和感嘆。和機遇擦身而過的人，到頭來，只能在回憶之中悔恨曾經有過良機，自己卻不知把握。

當然，不見得把握了某一個機會我們就一定能永不後悔，但是如果從未給自己選擇的機會，又怎麼會知道結果對自己是不是有好處？

與其胡思亂想、三心二意，倒不如利用每一個機會更深刻地了解自己，明白自己心之所向，才能借機遇之力，向上躍進。

互換立場，就能體諒對方

如果能夠去同理對方的感覺，對於事情的處理態度自然多了一分寬容。彼此尊重、體貼，是維持情感長久的秘訣。

立場不同，視野也會不同；所見的事物不同，心中的感受當然也截然不同。

倘若不曾試著同理他人的感受，便一味地以自己的感覺去爲他人設想，爲他人決定，說得難聽一點，也是一種壓迫。

試著站在對方的立場上思考，體會一下對方的感覺，我們便能學會更多的謙卑與寬容。

阿格西勞斯大帝曾經寫道：「環境固然不能使人變得高雅，然而，人卻能為置身的環境增光添彩。」

我們經常聽到「人是一種最能習慣任何環境的動物」，主要原因是人在適應習慣任何環境之前，都能依據實際需要，適時調整自己的心境。

只要能調整自己的心境，我們就能站在對方的立場著想，減少日常生活中一些無謂的齟齬和摩擦。

原本男主外、女主內的生活過久了，終於有點不一樣的變化。丈夫得到一段意外的休假，妻子卻因爲投入一份新工作，必須出差兩個星期。

兩個人心裡都是既興奮又期待，認爲終於可以體會一下自己嚮往已久的感受。丈夫日復一日地工作，早就渴望能有一點喘息的機會；而每天待在家中操持家務的妻子，則滿心想要試試那種不以家庭爲生活重心的感覺。

看著妻子轉來轉去地收拾行裝，丈夫忍不住跟前跟後，事事叮嚀。這樣的景況頗有意思，以往丈夫要出差的時候，總是妻子一邊爲他整理行李，一邊對他叮嚀要好好照顧自己，現在情勢改變，他好像反倒成了那個嘮嘮叨叨的人。

計程車到了門口，妻子帶著緊張和興奮提著行李往外走，一邊提醒他別忘了吃飯，別忘了餵狗……丈夫笑著催她快點，否則車不等人了。看著妻子開心地對自己揮手道別的時候，他的心裡卻有一點點落寞的感覺。

「眞有意思，從來沒想過一個人在家等門是怎麼樣的心情。」丈夫忍不住嘟囔著自言自語，轉身進門。

剛開始他自然是趁這個機會讓自己徹底放鬆，可是睡覺、看電視、陪狗玩，久了也沒什麼意思。於是，丈夫竟然開始做他從來沒做過的事——整理家務，無論是洗下廚烹調他都試著去做。

以前總認爲這些小事不值得他動手，但實際做起來才發現，其實這些事一點也不小，也沒有想像中容易。

一個禮拜剛過，他已經開始期待妻子的歸期了。

到了妻子該到家的時間，他迫不及待，不停地看著牆上的鐘，指針一分一秒地移動，終於，門上有了鑰匙聲響。他立刻衝上前去打開門，狗兒在腳邊汪汪叫，站在門外的是略顯疲態的妻子。

「嗨！好久不見啦！」

他接過妻子手上的行李，有點靦腆。心裡很多話想說，又不知該說些什麼，好不容易才開口：「嗨！旅途還順利嗎？」

「挺好的，你呢？在家休假感受如何？」

「還好，只不過，有點寂寞，很想妳。我終於明白，妳一個人在家等候是什麼感受了。」

妻子撲進他的懷裡，給了彼此深深的擁抱，他聽見妻子柔聲地說：「我也是。終於體會到你離家在外的心情了。」

心理學家肯尼斯．古地說：「如果你能從別人的角度多想想，你就不難找到妥善處理問題的方法，因為你和別人的思想溝通了，有了彼此理解的基礎。」

這番話簡單地說就是同理心，試著去同理對方的感受和想法，就不致於有過

度的要求，也不會不知不覺傷害到對方。紛爭少了，衝突當然也就少了，才能更冷靜地看清事情的全貌。

如果故事中的夫妻從來沒有機會去體會對方的生活和感受，久而久之，兩顆心必定因爲疏於相互了解而漸行漸遠。你不懂我的煩惱，我不明瞭你的苦處，怨氣日漸堆積的結果，就會因爲承受不了而爆炸。

反過來，如果能夠換個心境，去同理對方的感覺，對於事情的處理態度自然多了一分寬容；如果能明白對方曾經如何付出，就不致於過度自私，而能學會體諒。

彼此尊重、體貼，是維持情感長久的秘訣，互換立場去思考一下，其實有許多衝突都能消弭於無形。

老不可怕，無知才可怕

生老病死是每個人都逃脫不過的宿命，無論再怎麼不願意面對，時候到了終究還是會來臨。

年輕讓人充滿信心和朝氣，年輕的歲月總是洋溢著希望、夢想和歡樂，希望是璀璨的，夢想是繽紛的，歡樂也是眞切的。

但是，無可避免地，人總有一天會走過青春時期，過度到勞碌奔波的中年，然後一步步走向齒危髮禿的老年期。

年紀越大，越怕人提起「老」的問題，彷彿年紀大了，就會被劃分到「老而無用」的那一區塊。所以，爲了防老，人人自危，女人忙著祈求青春之泉，希望自己永保青春美貌；男人忙著尋求強健之方，希望自己永遠像一尾活龍。

老，眞的有那麼可怕嗎？

何不聽聽雨果告訴我們的話：「人總是要老的，要不虛度歲月，要讓恩愛的時刻使我們錦繡生活閃閃發光。」

一個好天氣的早晨，和煦的陽光輕輕灑落在每個人身上，萬里晴空中，連一片雲也沒有。

公車站牌下卻有個駝背的老人，拄著一把大黑傘等車。

站在他身旁的年輕人看了覺得很奇怪，便問這位老人：「您是認爲今天會下雨嗎？」

老人頭也不抬，只是冷冷地說：「不會吧，你看天上晴空萬里，像是會下雨的樣子嗎？」

「那麼，您就是怕被太陽曬傷囉！」

年輕人對老人晴天帶傘的理由實在好奇。

老人回答：「我幹嘛要拒絕春日的陽光？」

年輕人一臉疑惑地看著老人手上的傘，老人沒好氣地瞪他一眼，咕噥地說：「就算是晴天拄著傘，頂多只是被人笑笑而已，我才不要拿拐杖，讓人來可憐我是個行動不便的糟老頭子！」

眞是有趣的想法，拄著傘和拄著拐杖不是一樣嗎？都是得借外力讓自己方便行動，不是嗎？更何況，只要負擔不重，晴天帶著傘還稱得上未雨綢繆，可一點也不蠢呢！

生老病死是每個人都逃脫不過的宿命，無論再怎麼不願意面對，時候到了終究還是會來臨。所以，要我說的話，老並不可怕，無能才可怕。

一個年老的笨蛋和一個年輕的笨蛋有什麼差別嗎？都是一樣蠢的。但是，一個在生命中不斷累積智慧、運用智慧的人，即便年老了，即便身體機能不如以往，仍是一位值得人敬重的長者。

詩人泰戈爾說：「一個人的青春時期一過，就會出現像秋天一樣的優美成熟時期，這時，生命的果實像熟稻子似的在美麗的平靜氣氛中等待收穫。」

如果不能把握住那一段優美成熟的時期，便難以平靜地等待自己生命的收穫，就如同故事中的老人，由於心虛所以難以面對。

珍惜光陰，在年輕的時候盡其所能，便能在年老時享其所得。

PART 8

張開雙手，才能擁抱所有

相互尊重，

等於是給了彼此一個喘息的空間，

可以增加潤滑，減少摩擦。

失敗的經驗也有無限價值

成功與失敗其實是一體兩面的，如果始終執著在某一面，就等於是輕忽了另一面所可能引發的力量。

我們會擁有什麼樣的人生遠景，能否開創出璀璨的未來，關鍵完全在於我們用什麼心境去面對自己置身的環境；想要改變自己的命運，首先，必須改變自己面對困境時的心境。

失敗的感覺總是令人沮喪，未曾努力過所以失敗，心裡反倒踏實，如果自認曾經付出卻得到了失敗的結果，那種感覺眞是讓人難以忍受。

然而，我們是要讓這一次失敗便將我們擊垮，還是給自己一次東山再起的機會呢？

在一個北風呼嘯的寒夜裡，一個年輕人來到朋友的小屋，窩在火堆旁，望著窗外絲毫未歇的風雪，向朋友訴說這一年來所遭遇到的種種不幸。

他一畢業就來到城市，原本以爲這是一個實現夢想的大好機會，但是眞正投入職場，才明白想像與現實之間的距離。

他手上擁有英語檢定合格證書，但是第一家外商公司認爲他會話的能力不足，受不了上司的評語，所以他選擇離開。他雖然具備電腦工程師資格，但是第二家電腦公司卻嫌他工作效率太低，所以沒多久便請他走路。第三家公司，他和老闆犯沖，沒有情緒工作，於是乎主動炒了老闆魷魚；第四家……；第五家……

他神色黯淡地說：「這一年來，一次一次，全是失敗，我整整浪費了一年的時間，幾乎都快要對自己喪失信心了，難道以我的能力眞的沒有辦法找到一份好的工嗎？難道我不夠優秀嗎？」

他的朋友只是默默地聽著，在火裡添了塊木頭，爲他倒來一杯熱咖啡。最後才慢慢地開口：「看來，你這一年過得可眞是不愉快啊！不如我來說個笑話給你聽吧！從前有一個探險家出發準備到北極去，結果卻是到了南極，有人問他這到底是怎麼回事，你知道他是怎麼回答的？」

「他怎麼說？」他仍舊意態闌珊地，提不起勁地問。

他的朋友意有所指看了他一眼：「那個探險家說：『因爲我帶的是指南針，所以我找不到北極。』」

他聽了忍不住冷哼了一聲：「怎麼可能，南極的另一面不就是北極嗎？轉個身就可以了嘛！」

他的朋友神色一正，反問：「你說的，一點也沒錯。那麼，失敗的另一面，不也是成功嗎？」

他聽了猛然一楞，大夢初醒般省悟出過去這一年際遇眞正的價值。

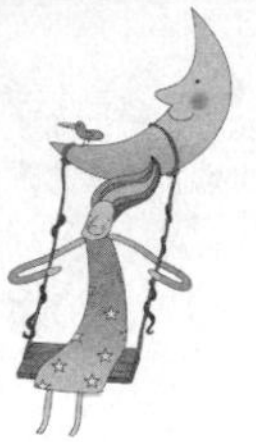

我們很容易執著於事情的結果上，可是，世事並非不是失敗便是成功的二元對立局面，失敗往往是步向成功的契機，而成功不見得就能永遠立於不敗之地。成功與失敗其實是一體兩面的，如果始終執著在某一面，就等於是輕忽了另一面所可能引發的力量。

故事中朋友所言不虛，失敗的另一面就是成功，凡事換個方向來看待，失望並不見得就是絕望。再說，地球是圓的，到了南極再一路往前直走，不也會走到北極嗎？能不能堅持到底，似乎才是成敗的關鍵。

英國作家白朗寧說：「一時的成就，是以多年失敗為代價而取得的。」

成功學大師卡內基也說：「從失敗中培養成功。障礙與失敗，是通往成功的兩塊最穩靠的基石。」

成功，是由過往無數的經驗所累積而來的。在每一次的機會中充分地發揮自己的能力，無論結果成敗如何，都累積了一番深思與反省，這些經驗將會一點一滴成爲人生的智慧，成爲我們獨有的籌碼，爲我們下一次的挑戰，積存無限成功的可能性。

張開雙手，才能擁抱所有

相互尊重，等於是給了彼此一個喘息的空間，可以增加潤滑，減少摩擦。

有些時候，我們可以感受到幸福就像空氣一樣在你我的身旁流動。

當幸福來臨時，我們總渴望能夠將之緊握，令它永遠停留。

然而，幸福卻總似水流，越是想要緊握，越是片刻不留；越是渴望保有，越是難以把握。

如果你想要抓住幸福，就必須調整自己的心境，用良性互動的態度去取代負面的猜疑和對峙，如此才能看見照進自己生命的陽光。

試著改變自己，用積極的態度去看待眼前令你惱怒的問題，最後或許你會發現自己又重新擁抱著幸福。

有一對夫婦，丈夫是公司大老闆，隨著公司規模擴大，外出應酬晚歸的時候也越來越多。雖然生活上衣食無虞，物質上無所匱乏，但是他的妻子卻越顯得不安了起來。

她很擔心丈夫外出應酬的時候，會受別的女人勾引，而她所擁有的一切愛和幸福就會消逝無蹤。

於是，她每天照三餐打電話查勤，動不動就跑到丈夫公司裡去突擊檢查，不斷地逼問和質疑，終於使她的丈夫徹底被激怒了。

一次，丈夫火大了，對她狂吼：「妳每天跟前跟後，到底煩不煩啊！」

夫婦兩人的關係，並沒有因爲家境日漸富裕而好轉，反而因此凍結、疏遠，有時候，好幾天彼此見不著面，見了面也無話可說。妻子很難過自己噩夢成眞，在一次激烈爭吵之後，賭氣回到了娘家，向母親埋怨自己的丈夫。

她的母親聽了，沒多說什麼，只是帶著女兒來到附近的海岸。母女二人在沙灘上散著步，坐下來聽著一波又一波的海潮聲。

母親捧起了一把沙子，對女兒說：「妳看，我這麼輕輕捧著，沙子就能好好的留在手上，」接著她雙手一收緊，細沙便由手指縫隙漏了出來，「我一用力抓緊，沙子便留不住了，越是用力，越是一粒沙也不剩。」

女兒看著母親的手，自己抓起一把沙，眼看原本滿手細沙到最後一粒沙不剩，隨著幾次重複的動作，她的心也漸漸清晰了起來。或許，愛情也像這細沙一樣，抓得越緊，越是會從指縫溜走。

直到這一刻，她才真正體悟，原來自己對愛情的緊緊擁抱，已經緊到足以令愛情窒息的地步了。靜靜的思索過後，她給了母親一個充滿感激的擁抱，決定回家。

她帶著行李回到家中，決心調整自己的心境，改變生活重心，不再時時刻刻緊盯著丈夫的行蹤。

丈夫當然發現了妻子的改變。有一天深夜，他帶著醉意回到家中，等門的妻子還沒睡，見他酒醉也不多說，只為他準備了杯醒酒茶和換洗衣物。

他坐在沙發上，端著微燙的熱茶，略略地發怔。

過了一會，他終於開口：「妳為什麼不罵我一頓？」

妻子停下手中的動作，有點不明所以地問：「什麼？」

丈夫微顫的手舉起茶杯啜了一口，然後對她說：「妳為什麼不像以前一樣，對我大吼大叫？」

妻子只是微微笑了笑說：「出外應酬，喝酒在所難免，不過身體重要，下次別喝這麼多了。」

丈夫聽了，沉默了很長一段時間，才說：「本來我已經受不了了，因為妳讓我覺得幾乎喘不過氣來。我沒有外遇，但是妳始終不肯相信我，我不想再忍了，我打算離婚，所以故意每天晚歸，想藉此激怒妳。如果，妳像以前一樣無理取鬧、不分青紅皂白地歇斯底里，徹底毀滅我對妳所有的愛，或許我就能夠下定決心和妳離婚。但是，妳不一樣了……妳讓我忘不了我們曾經為了什麼而相愛。」

妻子來到丈夫的身旁坐下，輕輕地靠在他肩上，說道：「我也忘不了，所以我決定盡我的能力，讓幸福回到我們之間。」

握緊雙手，什麼也沒有；敞開雙臂，才能擁抱所有。相互尊重，比愛更重要，因爲有了愛而缺乏尊重，那份愛總有一天會因爲不斷摩擦和彼此衝撞而消磨殆盡，最後兩個人便只好在婚姻牢籠中彼此折磨。

相互尊重，等於是給了彼此一個喘息的空間，可以增加潤滑，減少摩擦。夫妻之間，如果沒有信任，兩個人黏得再緊，心還是靠近不了。

夫與妻，是世界上最親密的一種關係，是相處互動最爲密切的一種組合，如果兩顆心出了差錯、失了序，連帶毀滅的將會是一個家庭。

故事裡的妻子，原本心中極度不安，或許是因爲她的丈夫沒有給予她足夠的安全感，但是，她的做法卻使兩個人像相斥的磁鐵一般，越是想靠近，反而將彼此推得越遠。

如果夫妻二人早已離心，那麼無論如何強求同在一起，幸福的日子也不可能會有回來的一天。因爲，隨著一次又一次的爭吵、冷淡、疏遠，最後終究會彼此走上陌路，即使表面上仍是夫妻，恐怕也是同床異夢。

但若彼此都仍對婚姻有所依戀，那麼只要改變心境，修正彼此的態度，就有機會可以修復關係。

就如同故事中的妻子，她仍希望維持這一段婚姻，所以她願意盡力去改變，而她的丈夫也不是眞心想離婚，所以他們之間的愛情仍舊得以回轉，共同等待幸福的到來。

燃燒信念成爲前進的動力

如果我們可以使信念熱烈燃燒，那麼，在信念加持之下，沒有什麼地方是到達不了的，也沒有什麼任務是完成不了的。

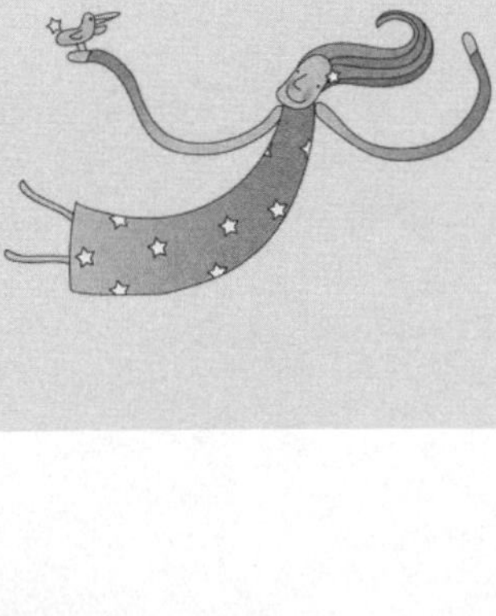

古希臘哲人柏拉圖曾勉勵他的學生說：「我們若憑信仰而戰鬥，就有雙重的武裝。」

沒有眞實體驗，或許很難明白「相信」對於人類有著什麼樣的影響力，但是有許多眞實的案例讓我們不得不信服，只要心中有著堅定信念，就能讓意念的力量發揮到極致。

很多時候，信念燃燒出來的動力，可以激發我們不斷向上，帶領我們跨越人生的種種障礙。

羅傑·羅爾斯是紐約歷史上第一位黑人州長，他出生於紐約聲名狼藉的貧民窟，在那裡，有很多人不只學歷低，就連出了社會也找不到什麼像樣的工作，只是成爲另一個貧民窟的一份子。

連他的父母都不認爲自己的孩子在那樣的環境下可以有什麼樣體面的未來。之所以會有這樣的想法，不能怪父母，畢竟環境對一個人的影響不可謂不深，什麼樣的背景或多或少左右了一個孩子的成就。

但是，羅傑·羅爾斯打破了衆人的眼鏡，他不僅考入了大學，而且後來還成了紐約州州長。

在就職的記者招待會上，羅爾斯對自己的奮鬥史隻字不提，他僅僅說了一個非常陌生的名字——皮爾·保羅。

原來，皮爾·保羅是羅爾斯小學的新任校長。當年，正值美國嬉皮文化流行的時代，校長發現那一群窮孩子比起「迷惘的一代」還要無所事事，他們曠課、鬥毆，甚至砸爛教室的黑板，上學對他們來說毫無意義。

當羅爾斯從窗台上跳下，伸著小手走向講台時，皮爾．保羅對他說：「我一看你修長的小拇指就知道，將來你一定是紐約州的州長。」

當時，羅爾斯聽了不禁大吃一驚，因爲長到這麼大，只有他奶奶說過他可以成爲「五噸重小船」的船長，那已經讓他感到相當振奮了。但這個新校長皮爾．保羅竟說他可以成爲紐約州州長，這實在太出乎他的意料之外了。

或許是因爲過於震驚的關係，使得他記下了這句話，一直放在心底。到了五十一歲那年，羅爾斯眞的成了州長，實踐了保羅校長的話。

在他就職演說中，有這麼一段話：「在這個世界上，信念這種東西，任何人都可以免費獲得，所有成功者最初都是從一個小小的信念開始的。」

「相信」這樣的意念，是一種自然而生而且源源不絕的奇妙力量，只要我們懂得妥善運用，就可以依靠著這樣的神奇力量，一路昂首前行，跨越種種困難與阻礙。

心想事成是一句常見的祝福語，或許心想不一定就能立刻事成，但是心不想，顯然事是「一定不會成」。

藉著心念的力量，維持我們的行動，就像是有了一座貨源充足的補給倉庫，在我們積極前衝的時候，有著源源不絕的動力。

英國詩人雪萊說：「信仰是一種感情，這種感情的力量同激勵的程度成正比。」

法國小說家雨果則說：「信仰，是人們所必須的，什麼也不信的人，不會有幸福。」

想要獲得成功，當然得靠自己的努力。不過如果我們可以使信念熱烈燃燒，相信自己的目標，相信自己可以成功，那麼，在信念加持之下，沒有什麼地方是到達不了的，也沒有什麼任務是完成不了的。

尊重自己，自然受人尊重

想要受人尊重，就得先尊重自己，倘若連自己都覺得自己可悲可鄙，那麼別人又能如何看重我們呢？

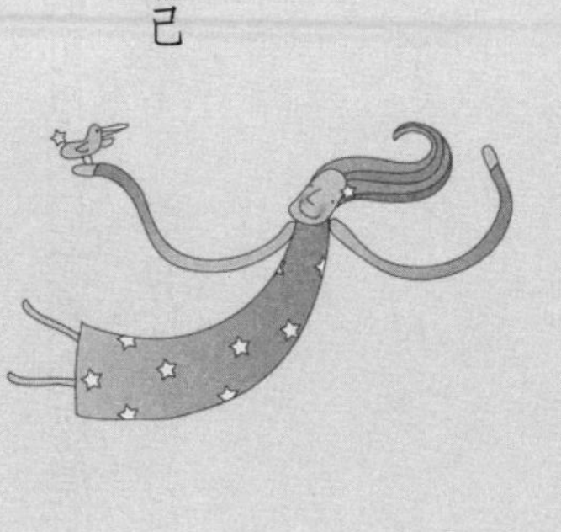

從呱呱墜地的一刻起，我們便開始與他人產生關係。隨著內在與外在的交互作用，我們變成了越來越複雜的個體，與他人的關係也越來越複雜。

在這個社會裡，我們都不可避免地受到許多價值觀左右。人，似乎也就這麼被區分出了各種不同階級。

這些階級，關係到資源分配，關係到理想實現，關係到很多。於是，很多人對於「人際關係」這門學問相當重視，因爲處事容易，處人難。

其實，想要處理好「人際關係」，第一件事要學會尊重自己。懂得尊重自己的人，必定也能尊重他人，自然也能受人尊重。

一家知名的西餐廳來了一對夫婦，帶著一個年約六、七歲的小男孩。他們隨著侍者來到座位上，並未仔細瀏覽菜單，只是簡單地點了一份價錢最低的牛排。侍者狐疑地看著他們，心想三個人怎麼只點一份？

於是，侍者再度詢問另外兩位想點什麼，可是那位父親只是笑了笑說：「我們已經吃過了，牛排是給孩子吃的。」

侍者即使心裡覺得奇怪，也不好再多說什麼，便回到廚房確認餐點。

很快地，沙拉、麵包、濃湯、牛排，全都陸續上了桌，那對夫婦只是滿臉笑容地看著孩子用餐。

當然，這個景況很快便引起了餐廳經理的注意，他找來侍者問明了情況，心裡多少也有了幾分明白。

他發現這對父母在孩子用餐的過程中，非常仔細地教導孩子用餐禮節，而那個孩子也依著父母的指導認真地練習，於是，餐廳經理命人端來兩杯咖啡送上。

那位母親連忙搖頭表示他們並沒有點咖啡，但經理立刻上前說明這兩杯咖啡是由餐廳招待的。那對夫婦聽了經理的解釋，才欣然接受。

閒聊之下，餐廳經理總算明白這家人只點一份餐點的真正原因，也在心中升起一份敬意。

那位父親笑著說：「不怕您知道，我們的經濟狀況很差，根本吃不起這種高級餐廳的晚餐，但是，這並不代表我們永遠沒機會吃到。我們的孩子未來可能會有不凡的成就，所以我們希望能夠及早教會他正確的用餐禮儀。更重要的是，我們希望他能夠記住，自己在成長的過程中，曾經接受過像這樣備受尊重的服務，更希望他能明白，無論貧窮還是富貴，只要懂得自重，別人就永遠無法看輕他。」

馬克斯威爾·馬爾茲在《你的潛能》一書中曾如此說道：「一向尊重自己的

人不會對他人抱有敵意；他不需要去證明什麼，因為他可以把事實看得很透徹，他也不需要對別人證明自己。」

那位父親以自尊自重的態度教導他的孩子，相信他的孩子日後也將會以這種態度去教養他的小孩，無論他是富貴，還是貧窮。

我們或許不能決定自己的出身，但是，我們可以決定自己的作爲；我們或許不能決定別人對待我們的態度，但是我們可以決定自己處事的態度。

想要受人尊重，就得先尊重自己，倘若連自己都覺得自己可悲可鄙，那麼別人又能如何看重我們呢？

一位希望受子女敬重的父親，首先自己要做到像個父親的樣子，如果連子女都感受不到父親的疼愛，尊重又從何而來呢？打、罵，或是一味地要求服從，眞的就能讓人敬重嗎？

答案，恐怕是再明顯也不過了。

多用心，才不會留下悔恨

沒有經歷失去，不知獲得的珍貴，汲汲追求的幸福，或許早就在你我身畔，只是我們總是視之為理所當然……

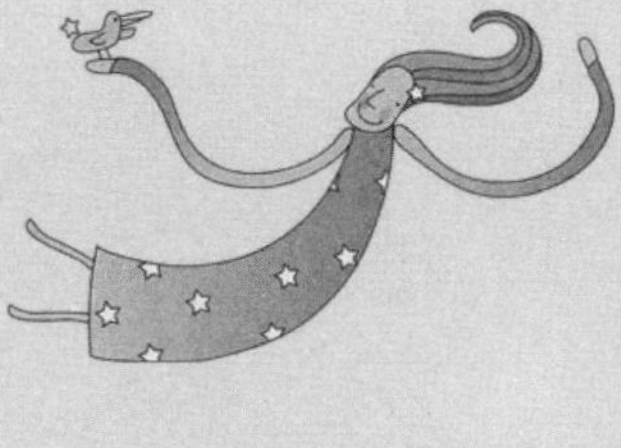

現實生活中，最難適應的，無疑就是角色的調適問題，因爲，就算我們選擇遺忘，那些已經逝去的人事物依然蟄伏在我們的內心深處，並且會在不經意的時候倏忽浮現腦海。

其實，有時候只要我們稍微改變一下自己，坦然面對過往，就可以輕易地扮演好自己改變之後的角色，面對不一樣的人生。

前陣子有一部引起各界討論的話題電影，片中男主角有一段只能追憶的初戀，初戀的女孩得了絕症過世，多年後，男主角與未婚妻一同到達世界中心，爲那個初戀女孩完成心願，也稍解自己內心的遺憾與悔恨，最後才眞心地與未婚妻共結連理。

舊愛才是最美？這個難解的問題，恐怕會永遠纏繞在那位未婚妻心裡，畢竟她的競爭對象始終在男人的心裡保持最美好的形象，而自己將會年華老去，將會爲現實消磨。

人，就是這麼不知足，想要的永遠比得到的還多，握在手裡的忘了珍惜，總是眷戀那些觸不到、摸不著的。只有等到失去了，我們才充滿悔恨，才明白自己有多麼依戀對方。

有一個故事讀後讓人悵然若失。

有個愛笑、愛說話的女孩，總是不停地說著，總是有好多話可說。戀愛的時候，女孩常常說著自己的故事，說起小時候迷了路，驚動全村來尋的事蹟，說起晚上跑到池邊抓青蛙，結果覺得青蛙太可憐又全數放回池裡的事。她說東說西，說各種軼聞趣事、細碎瑣事。

身旁的男孩總是微笑地聽她說，他喜歡她說話時的語氣、姿態、聲音。心裡總以為，能在月色朦朧的夜晚，聽著自己心愛的女孩說話，是最浪漫也最幸福不過的事。

兩人結婚後，女孩還是不停地說，但是說著說著便說到了男孩身上，挑剔他習慣，抱怨生活上的困難。

漸漸地，男孩聽煩了，開始嫌她嘮叨，每次一聽到她說話，就忍不住罵道：「妳有完沒完？」

原本恩愛的兩人陷入了一次又一次的爭吵，最後，男孩乾脆一句話也不說，以沉默來抗議。

夫婦相敬如「冰」多年，有一天女孩病了，再也說不出話來了，醫生證實她得了喉癌，最後，她終於被病魔奪去了生命。

男孩的世界突然間整個安靜了下來，深夜裡望著女孩的照片，想起她曾經說過的一件件瑣事，想起她每天臨睡前幫自己蓋被的耳邊嘮叨，他落下淚來，因爲他再也聽不見了。

到了這一刻，他才眞正明白，能夠有一位深愛自己的人不厭其煩地爲自己嘮叨，其實是一種福分。

男孩後悔了，然而無論他如何後悔，女孩終究是無法復活。

相信女孩也是後悔的，因爲如果她早知道自己能說話的時間是如此有限，或許她會選擇多訴說一些她對男孩的愛，而非嘮叨生活瑣事。

人與人之間的相處，沒有所謂對錯，沒有既定章法，或許我們只能從一次又一次的試探與回應之中，尋找出彼此之間最好的相處模式。

人生的變化總是無常，這一次的分開，誰也不知道會不會有什麼機緣，讓我們再也無法相遇。如果我們不把每一次的相處視之爲理所當然，或許我們就不會有錯過的遺憾和悔恨。

清朝史典曾說：「不到極逆之境，不知平日之安；不逢至刻之人，不知忠厚之善，不遇別離之苦，不知聚處之歡。」

沒有經歷失去，不知獲得的珍貴，汲汲追求的幸福，或許早就在你我身畔，只是我們總是視之爲理所當然，不知感恩。

千金難買早知道，這句話似乎在告訴我們，意外的來臨是如何的無可奈何。然而，有時候，或許我們早就知道了，只是我們選擇刻意忽視，假裝聽不到、看不到，也感受不到。

這麼多的僞裝有時甚至只是爲了端點架子、故作姿態，如果意外發生，遺憾便眞的避不開了。

我們永遠不會知道遺憾有沒有辦法彌補，也不會知道後悔能不能回頭，如果不想飽受悔恨的折磨，或許我們該試著對自己的生活與周遭多些留心，多些寬容，多些體貼，多些關懷。

善用對比突顯自己的特色

在這個競爭激烈的世代，我們又該如何突顯自己的實力呢？
或許可以試試善用「對比」這個小技巧。

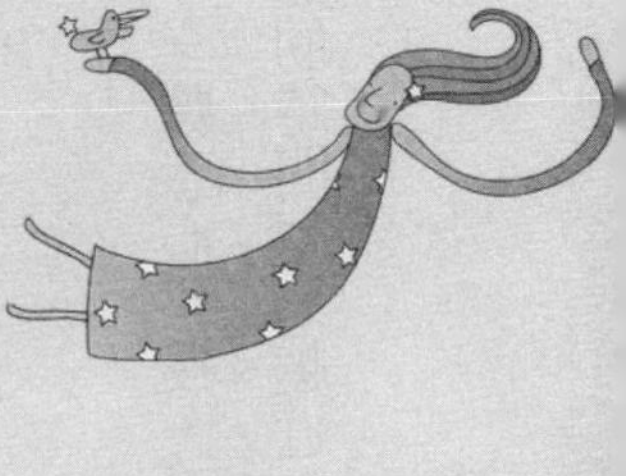

「競」這個字，在字典裡載明了，是比賽、爭逐的意思。從字形上可以清清楚楚地看出，兩個「竞」字並駕齊驅，旗鼓相當，不好好地比上一比，是看不出孰優孰劣的。

同樣的，姑娘美不美，單單一個站在那兒，其實還眞說不出來究竟美在哪兒，但兩個姑娘站在一起，可就各有千秋了。

「比」，乍聽之下好像一定要有人輸、有人贏，勢必得分出個勝負結果，其實眞正的妙處正是在「比」的過程當中。一面倒的比賽，看起來一點意思也沒有，雙方實力相當，一來一往，五五波競爭激烈的比賽，才是一場好看的比賽，扣人心弦，一秒鐘也捨不得分神。

「對比」是相互競爭，也相互突顯。比方在服裝搭配上，若能夠善用對比色的效果，既可以修飾缺點，又可以突顯優點，是一種必要的技巧。

有位名畫家千挑萬選，終於在無數前來拜師的年輕人當中收了兩位當徒弟。這兩個人是兄弟，一路千山萬水，跋涉而來，就是爲了拜畫家爲師。畫家本來無意收徒，後來兩兄弟不畏風雪，硬是跪了一天一夜，終於誠心感動畫家，決定收他們爲徒。

經過一番測試，畫家發現兩兄弟極有潛質，便將自己所學全數悉心傳授，兩兄弟也認眞學習，幾年下來畫技果然突飛猛進。眼看學成返鄉的時間越來越近，兩兄弟心裡不禁又喜又愁。

喜的是自己將學有所成，愁的則是此次歸鄉，將再也見不到畫家那可愛的女兒。原來，這幾年相處下來，兄弟二人早已偷偷愛上了畫家的女兒。想不到巧的是，這兩兄弟竟然在離去之前，同時向畫家的女兒求婚。

雖然兩兄弟都是極爲優秀的青年，多年來的相處也讓彼此有了深刻的感情，但是，一女又如何能嫁二夫呢？

畫家的女兒雖然聰明，面對這樣的景況卻陷入了兩難，最後她決定出個題目讓兩兄弟分別作畫，看誰畫得高明，她就嫁給誰。

女孩所出的題目爲「安靜」，第二天，兄弟兩人都交卷了。

哥哥畫了一個湖，湖面像一塊鏡子，光滑平靜，遠處的山巒和近處的花草倒映在水面，十分清楚。

弟弟則畫了一個水流直下的瀑布，水珠彷彿要濺出畫面，瀑布旁有一棵小樹，小樹上有個小巢，小巢裡有一隻小鳥，小鳥正睡得香甜。

最後，女孩選擇嫁給了弟弟。

同樣的題目，哥哥直述，弟弟對比，方法不同，結果也有所不同。

哥哥所畫的湖水雖然平靜，但看畫的人卻能夠聯想到水流與空氣的波動，反倒是覺得有些細微的聲響傳出。

弟弟所畫的瀑布，雖然水聲激越，但是那沈靜安眠的鳥兒的世界肯定靜到了極致。談安靜，以吵雜來對比，似乎更能夠貼切地彰顯出來。

要表現建築物的高大，先把人物畫得渺小；要讓黑色突顯，就拿黃色襯底；要想表現自己動作伶俐，就去待在慢郎中的旁邊。

在這個競爭激烈的世代，我們又該如何突顯自己的實力呢？或許可以試試善用「對比」這個小技巧。

善於利用對比，不費吹灰之力就能夠表現出自己的特色。

不以貌取人，就不會妄下定論

觀察再觀察，體會再體會，從每一個角度去思考，才能真正做出中肯又不帶偏見的批評吧。

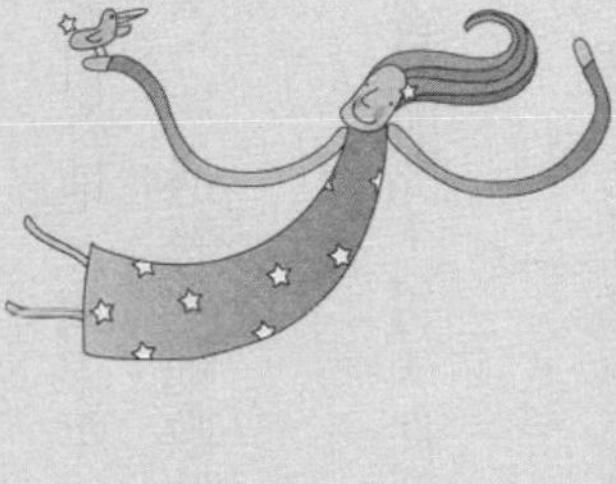

我們都知道不應該以貌取人，但爲難的是，我們也都知道「相由心生」的道理，或許這是在告訴我們，眼見只能讓我們看到七分，至於其他三分，則要由我們的心去體會。

有句話是這樣的：「批評是容易的，張開嘴就能批評了，唯有深入了解，說出真正不帶偏見且中肯的批評，才具有批評的價值。」

如果我們不曾深入了解，就任憑自己想像，胡亂地大放厥詞，非但傷人，而且更顯示出自己的匱乏與空虛。

有個菜鳥記者剛剛加入一個專題報導的團隊，她的任務是觀察並記錄一位拾荒老婦的一天。

坦白說，她並不明白觀察一個拾荒老人的一天到底有什麼意義，不過她位低權輕，上頭交辦什麼事就只能乖乖照做。

於是，一大早七點鐘，天剛剛亮，她就跟著老婆婆來到一處拾荒人的集散地。在那裡，有人賣垃圾、有人買垃圾，幾百個衣衫襤褸的人拖來一袋又一袋各樣垃圾聚集，交易一完成，他們便提著空蕩蕩的袋子四散而去。

這個記者見識到了她平常不曾接觸過的生活，那些人大多來自外地，或中年、或老年，努力地在城市夾縫中求生存。她跟著老婆婆一路走著，一邊聽她細數她的固定路線中每一個熟悉的垃圾桶、每一個垃圾堆。

老婆婆絮絮叨叨說著老家的事、兒孫的事。人生將盡，所見所聞，每一件都可以寫出個故事。

日落之時，兩人一同來到老婆婆的住處，這名記者已經漸漸改變了自己原先的想法，眼前這位老婦人雖然沒有光鮮的外表、高尚的地位，但是她自始至終都認眞地活著，不輸任何一個人，也值得每個人尊敬。

一進屋，她看呆了，狹窄的住處東西雖然多卻整齊，其中一面牆上釘了木架。木架上，放了數百個各式各樣的空香水瓶，紅的、藍的、水晶的、琉璃的，每一個都不相同，在燈光下閃閃發亮。

那些香水瓶全都是老婦人一個一個撿回來收藏的，或許這些香水瓶的原主人視之爲垃圾，但是這些瓶子到了老婆婆的手裡，卻成了一整牆面藝術裝飾品。一剎那間，它們散發出令人驚艷的美感，也讓這個老人的小屋和她的人生因此熠熠發亮。

人會在環境中尋求自己優越的一面，藉以提升自信。然而，眞正難堪的時候，

就是在自以爲高人一等，卻硬生生瞧見自己卑劣一面的時候。

故事中的記者，原本認爲一名拾荒老婦不值一提，卻沒想到老婆婆認眞生活的態度反而突顯出自己的貧乏。

在她看到老婆婆那面香水瓶裝飾的牆時，驚嘆之餘恐怕更會覺得羞愧，因爲她曾經只因表象而那樣看輕過他人。

佛家說：「萬物皆菩薩。」萬事萬物都有生存的價值，這個價值不由某個族群決定、不由某個人決定，而是依循著自然的道理，各得其所，各守其位，激盪出每一個生命盡力淬鍊出來的共同價值。

凡事不要妄下定論，觀察再觀察，體會再體會，從每一個角度去思考，從每個立場去考量，或許才能眞正做出中肯又不帶偏見的批評吧。

想成功，首先得不能示弱

懂得強化自己的長處，也懂得掩飾自己的短處，這是一種充滿自信的表現，讓人不敢輕忽你的存在。

莎士比亞在《哈姆雷特》裡留下了這樣的文句：「留心避免和人爭吵，可是萬一爭端已起，就應該讓對方知道你不是可以輕侮的。」

在自然界，我們可以很普遍地觀察到這樣的相爭模式。兩隻雄雞相逢，必先各自豎起毛羽，發出宏亮雞鳴，意圖在氣勢上勝過對方；在未知對方底細之前，只要裝得夠強勢，說不定真能嚇跑信心不足的對手。

每個人總有不如別人的短處，儘管我們知道自己的弱點何在，但是在心理態

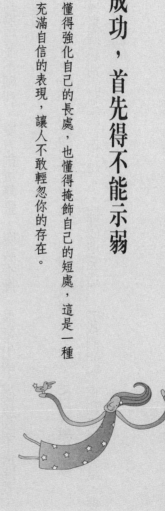

度上絕對不能先行示弱，否則就眞的矮人一截了。

弱者並不一定不能贏，只要有足夠的勇氣與智慧，懂得掌握良機，因應權變，一樣有機會奪取勝利。

最基本的做法，就是在態勢上絕不輕易示弱。

有一個小國家因故與鄰邦強國交惡，種種衝突一觸即發，大有不惜一戰之勢。

於是，小國派出外交大使出使強國，就戰爭問題與強國的首相進行議論，主要用意在於一探對方虛實。

談判過程並不順利，雙方劍拔弩張，屢談不攏，最後小國大使放話不惜開戰，以威脅強國。

大使虛張聲勢說：「我國擁有軍車三十輛，飛機八十架，足以攻擊貴國。」

主導整個談判的強國首相聽了，輕蔑地笑道：「我們的軍車和飛機數量，要多過你們一百倍。」

小國大使仍不示弱，繼續恐嚇道：「我國有二萬五千人的精良部隊，能夠佔領貴國。」

這話讓強國首相放聲大笑：「我們擁有的軍隊，人數多過你們一百倍。」

小國大使聽了，要求先回國請示，再繼續談判。

當大使再度來訪時，態度已有了一百八十度的轉變，希望以和平方式解決衝突問題。

強國首相認爲小國必定是懼怕自己的堅強國力，沒想到小國大使竟仍舊神色自若地說：「您錯了，我國並非懼怕貴國的兵力，而是我國國土太小，容不下兩百五十萬名戰俘。」

外交人員爲國發聲，代表的是國家形象，要如何因應詭譎的國際情勢，需要有足夠的智謀；縱使國力不如人，也不能輕易示弱，讓人看輕。

小國大使所言即使過於虛張聲勢，卻也十足維持了國格，這是他的責任。

聰明的人有自知之明，知道自己的長處，也知道自己的短處，懂得強化自己的長處，也懂得掩飾自己的短處，這是一種充滿自信的表現，讓人不敢輕忽你的存在。

好萊塢知名女演員琥碧戈珀曾經這麼說：「女演員只能演女人，而我是演員，我能演任何角色。」

能有這樣自信的人，必定能夠闖蕩出一片自己的天空。

看重自己，就能讓別人看重你，要知道，或許我們有不如人之處，但是我們也一定有過人之處。

不曾面對面遭遇，如何分高低？雙方各擁其勢，沒有經過眞正的比試，輸贏還沒有定數。

所以，站穩自己的腳步，不要一開始就長他人志氣滅自己威風，抱持著一定要贏的心態，成功的勝率無形中便會增大了一點。

PART 9

別讓遺憾成爲心頭重擔

一個人如果起了惡心，縱容自己行惡，
即使是再小的惡行，
都會使他的人格蒙上了灰塵。

換個角度，人生處處是機會

無須害怕失誤，每一個錯誤都可能是發明的契機。只要我們去除了內心的偏見，就可以掙脫心靈上的束縛。

成功需要機遇，更需要過人的勇氣。人生的機遇或許是不平等的，但是勇氣卻是人人都具備的，因此，成功的關鍵就在於當你身處逆境的時候，敢不敢拋棄習慣性的看法，從其他角度找到新出路。

許多事實都證明，只要我們能改變看待事物的角度，就能找出一條幫助自己通往成功的道路。

你知道麵包是怎麼發明的嗎？

嚴格來說，以前的麵包只能被稱爲麵餅，因爲人們將麵糰和水揉合後就直接放進爐烤，烤出來的麵包既硬且紮實，雖然能夠塡飽肚子，但是沒牙的人吃起來可就辛苦了。

後來發生了一件小意外，因爲一名埃及奴工奉命烘烤麵包時不小心睡著了，結果烤爐裡的爐火熄了也沒人發現，那些麵糰就這麼被放在爐裡了一整夜。

第二天一早，那個奴工醒來，嚇了一大跳，因爲那些麵糰全都漲成了兩倍大，由於主人吃早餐的時間就快到了，他來不及重揉麵糰，只好就著那些漲大的麵糰下去烤。

結果，烤出來的麵包竟有了完全不一樣的口感。外皮酥脆，內在柔軟又有嚼勁，簡直好吃了幾十倍。

本來一件可能會被殺頭的大危機，竟然急轉直下成了備受稱讚的轉機。換個角度想，沒有這件意外發生，麵包也許就不會被發明出來了呢！

以下這則小故事，是一位小女孩學畫的經驗。

小女孩剛開始學畫，在老師的指導之下學了不少技法。

有一次，就在她提筆構思的時候，筆尖上的墨竟不小心滴上潔白的宣紙。黑色的墨水很快地在宣紙上暈染開來，變成了一塊醜醜的墨漬。

小女孩見了大感到懊惱，心想好好的一張宣紙就這樣被破壞了，於是她準備換上一張新的宣紙。

剛好她的姊姊經過，看她打算丟掉畫紙，便接了過來，問：「妳不是要畫畫嗎？怎麼才畫了一筆就要把紙丟掉？」

「紙壞了。」小女孩簡單地說。

「壞了？哪裡壞了？」

「不小心滴到墨，沒辦法畫了。」

「咦，先別丟，我有辦法了。」只見姊姊接過畫筆，就著墨漬的樣子，左一筆、右一筆，簡單添了幾筆，竟畫出了一隻栩栩如生、可愛至極的小貓咪，而那滴墨漬則成了貓咪身上的花紋，看起來倒像是故意畫上去的，看得小女孩既驚又喜。

小女孩高興地喊：「原來可以這樣！」

一滴墨漬，只要不被視爲墨漬，其實可能是一個轉化的契機。

有部戲裡有個角色希望成爲一個有名的作家，一心一意想寫出曠世鉅作來。他每天都坐在書桌前沉思，偶爾動手在稿紙上寫了幾個字，但是往往沒寫多少就氣得全部揉掉。

他的妻子見他整天爲了寫不出好作品而懊惱，心裡也感到非常憂心，有天，她拾起他丟掉的紙團翻開來看，發現每一張都是一個故事的開頭，但沒寫兩句就沒了下文。

問他爲什麼不繼續寫下去，他卻大發脾氣地說文章最重視氣勢，開頭寫不好，後面怎麼接得下去，越想就越寫不出來，叫他如何不氣悶。

其實，以他這樣的想法，一輩子也寫不出半篇文章。

與其抱怨自己沒有靈感，倒不如選個題目逼自己從頭到尾去完成，最後再來回頭檢視什麼地方不妥當，說不定原本覺得不夠好的開頭，其實反而埋了許多有趣的伏筆呢！

無須害怕失誤，每一個錯誤都可能是發明的契機。只要我們去除了內心的偏見，就可以掙脫心靈上的束縛。

陷入困境就要轉換心境，放眼前方，朝向成功前進，不要在心裡預設失敗的陰影，成功的光芒才能徹底照耀。

想著成功才能接近成功，只想著失敗，你一定就會得到失敗。遭遇危機時，何妨試著從另外一個角度來思考，說不定就生出良策；遇到瓶頸時，何妨試著再加把勁去努力，也許能突破障礙，邁向成功。

心中沒有了墨漬的存在，宣紙上的一滴黑墨說不定就是神來一筆！

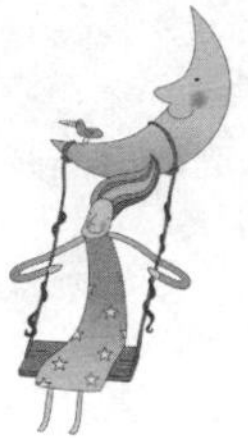

打破心裡的「冰點」

凍結了積極的生活態度，便會消滅我們對生命的熱情，人生的腳步如何能向前跨越，又如何看見豁然開朗的前景呢？

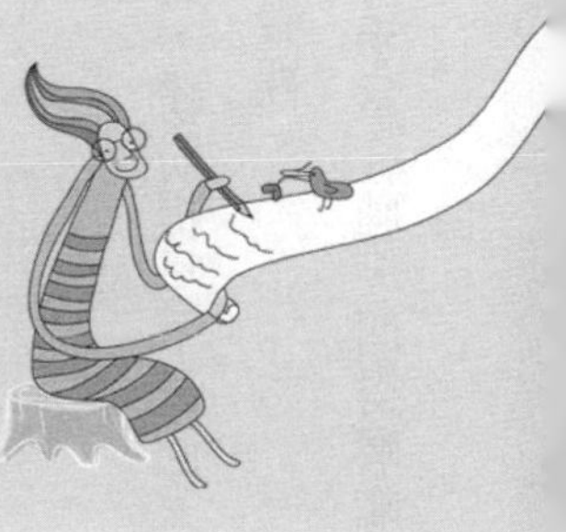

有句話這麼說：「哀莫大於心死」，告訴我們人生最大的悲哀，就是心死，一旦死了心也就失去了求生的念頭。

生命之中一定會遭逢許多困境，如果我們被這些困境擊敗，無法維持我們能夠戰勝的堅強信念，而讓悲觀的想法領著我們前進，那我們最後一定會走上那條唯一死路。

或許，你從來沒想過「感覺」也能奪走一條生命，但有位心理學家卻觀察到了一個真實案例。

賽利曼博士是一名美國心理學家，他曾經找來一萬多位自願者進行心理實驗，根據他的研究結果顯示，心態悲觀的人，往往會由心理影響生理，真的生出病來，更嚴重的還有可能導致死亡。

他在研究的過程中，調查到一個案例令他相當吃驚，後來他也經常以這個例子勸人多多以正向思考的心理態度生活。

尼克是一名鐵路公司的調車員，平日工作認真，做事也負責，但就是人生觀過於灰暗，悲觀心態相當嚴重，凡事皆以負面角度來思考。

說得簡單一點，就是他的日子過得不快樂。

有一天，所有的鐵路員工都趕著去參加老闆的生日派對，紛紛提早下班回家換裝，沒想到尼克竟然意外地被粗心大意的同事鎖在一個冰櫃裡。

不管他在冰櫃裡如何地敲打呼叫，都沒人聽到，他敲得手掌紅腫，叫得喉嚨沙啞，都沒有任何人來理睬，到最後他氣力用盡了，只能喘著氣頹然地癱坐在地上。

他害怕地想著，冰櫃裡的溫度只有華氏三十二度，如果再下去，一定會被凍死。想到最後，他不只覺得存活無望，更開始動手寫下遺書。

第二天，同事們來上班，赫然在冰櫃裡發現了身體僵直的尼克，連忙送醫急救，竟已回天乏術。

這樣的結果令大家都感到十分驚訝，因爲那只冰櫃早就壞掉了，冷凍開關根本沒有啓動，也就是說冰櫃裡一持是保持在華氏三十二度，更何況那麼大一個冰櫃裡頭的空氣也綽綽有餘，照理尼克的處境不應致死。

但是，尼克確實死了，被自己心中的冰點給「凍」死了。因爲，他早已給自己判了死刑。

所謂「山窮水盡疑無路，柳暗花明又一村」，困境總是會出現在人生的道路上，阻去我們的去向，但是，生命之中沒有越不過的困境，只要堅持自己的意志，必定能夠柳暗花明，抵達目標所在之處。

然而，消極與悲觀的心態，就像一大片烏雲，遮去你我心頭的陽光，讓我們看不清前方的道路、看不到目標，更別說隱藏樹叢之後的綺麗風光了。

負面的情緒與思想如果在我們的心裡不斷儲存，凍結了積極的生活態度，便會消滅了我們對生命的熱情，人生的腳步又如何能向前跨越，又如何看見豁然開朗的前景呢？

遇到問題與困難，可以認命等死，也可以死裡逃生，端看自己的選擇，以及自己是否曾經爲改變命運而付出一切。不要輕易放棄，讓我們的生命激發出璀燦之光，迎向光明，黑暗就會遁形，消失得無影無蹤。

讓習慣成爲助力而非阻力

經常給自己多一點思考的時間，想一想現在的行為是不是有了習慣的盲點，就不容易被習以為常的想法束縛。

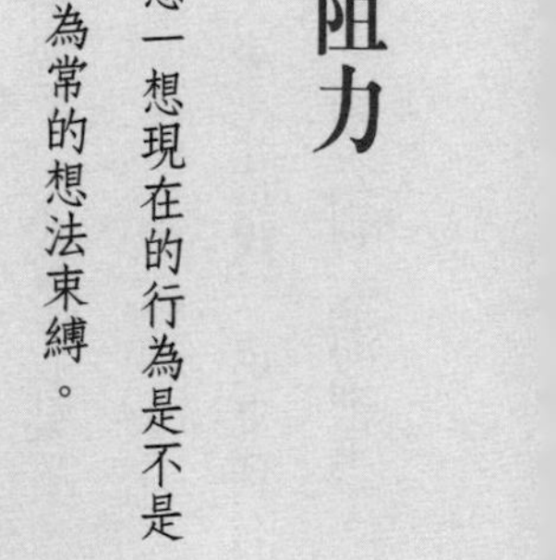

習慣出門向左走，習慣在巷口的早餐店喝一杯咖啡，習慣在最後一秒鐘打卡，習慣聽同一張ＣＤ……

不知不覺中，我們已經養成了許多習慣。

習慣，讓我們簡化處理事情的模式，但也可能鈍化緊急反應的速度。

這也難怪貝多芬會說：「習慣會貶損最輝煌傑出的天才。」

因爲，習慣一旦成形，往往讓我們養成機械式的反應，使我們的手腳伶俐，

卻讓頭腦變得笨拙。

有個年輕人來到一座雲霧繚繞的山峰，拜訪一位據說可以讓人心想事成的仙人。當他風塵僕僕地抵達目的地，辛苦地等了七天七夜，終於見到一個蓄著白髯的老者，心想這一定就是那位傳說中的仙人。

他連忙上前向老者請求，請求老者賜給他財富。

老人沉吟了一會，終於開口說道：「每天清晨，太陽尚未升起的時候，你到海邊去，尋找一顆幸運石。這顆幸運石與其他的石頭不同，一旦你握在手裡，它便會發光發熱，讓你的手掌感受到陣陣暖意，到那時，你所祈求的願望就可以實現了。記住，機會只有一次，一旦你錯過了，或是放棄了，那顆幸運石便將消失無蹤。」

年輕人二話不說，立刻下山，每天清晨時候一定來到海灘上撿石頭，凡是撿起來既不溫暖又不發光的，全被他一顆一顆丟到大海裡去。

就這樣，日復一日，月復一月，他找了足足三個月，找過一個又一個海灘，始終一無所獲，不曾見到那顆「幸運石」的影子。

這天，他如往常一樣，在沙灘上開始撿石頭，然後一次一次大失所望地將石頭丟向大海。一顆、兩顆、三顆……

突然，他停下手上的動作，呆了好一會兒，倏地放聲大哭了起來。因爲，他突然意識，剛才他習慣性地扔出去的那塊石頭是「溫暖」的。

法學家梅因曾經說：「習慣是一條巨纜，我們每天編結其中一條線，到最後終於無法弄斷它。」

可見，習慣是一點一點慢慢養成的，一旦養成了，甚至成了「癮」，想去改變已是難上加難了。

當然，習慣是有好壞之分的，好的習慣可以幫助我們簡化生活中的行事模式，當我們遇上某些常見問題時，就可以在最短的時間做出直接的反應，既快又有效牢。然而，壞的習慣可就會讓人在不知不覺中墜入某種既定的窠臼之中，很難跳脫開來。

莎士比亞說：「習慣若不是最好的僕人，便是最壞的主人。」說的就是這個意思，養成好習慣給自己方便，養成壞習慣反而造成不便。

故事中的年輕人有目標，也有毅力，否則便不會不辭勞苦地上山求仙，也不會日復一日地到海灘上撿石頭，但是，最後卻敗給了習慣。

不重要的，隨手就丟，丟了就忘，久而久之，自己被制約了仍不自知。失去，只在短瞬之間。

這個故事警惕了我們，凡事不要全部視爲當然，要經常給自己多一點思考的時間，想一想現在的行爲是不是有了習慣的盲點，給自己多一點反思的機會，就不容易被習以爲常的想法束縛。

善意待人就能共結善果

讓良善的風氣迴盪在你我之間，讓愛的種子在你我之間發芽，從你我開始做起，這個社會也將因此結出良善的珍貴果實。

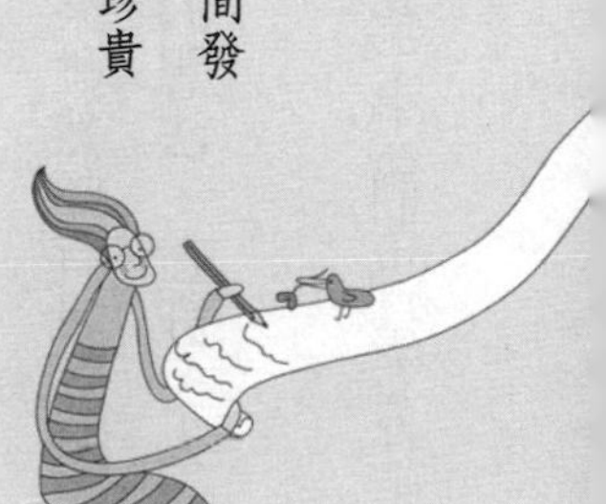

漫畫裡常常可以看到這樣的畫面，當故事中的角色內心掙扎的時候，在他的雙肩上就會出現一隻天使和一隻惡魔，那一善一惡的聲音，分別引誘著他做出善與惡的決定。

善與惡，都是人心裡本來就有的東西，要選擇何者，要彰顯何者，都是個體自主思考之後所做出的決定。

每個人都可以自我抉擇，無關乎外貌，無關乎權勢，無關乎社會地位，每個人都有相同的決定權，不多也不少，也無法左右他人。

像古羅馬哲學家馬可・奧勒留便說：「不管世人有何言行，我的本分是保持自己的善良，就像一塊黃金，或綠寶石，或是一襲紫色長袍，會永遠堅持。」

這是他的決定，那我們呢？我們又會做出什麼樣的決定？

有一處工地僱用了一批工人，這件事本來沒有什麼特別之處，只是那些工人剛好全是外來客，生活方式與當地居民頗爲不同，因此鄰里之間或多或少引起了一些反彈的聲浪。

有些人擔心這些工人的到來，會使得原本平靜的小鎮變得複雜。黃昏時刻，不時傳來工人們飲酒唱和的歌聲，搭配著竹笛聲，聽起來雖然頗有異鄉風味，但也充分地顯示出族群的生活模式不同。「提防陌生人」的想法，在許多人心中纏繞不去。

成人日日夜夜提防，眼神中的疏離與疑慮，當然那些工人們也是看在眼裡，悟在心裡。人與人之間的藩籬，已然形成。然而，對孩子來說，似乎還看不見這些藩籬。

有個小女孩，經常跑到工地邊玩耍，在工地工作的工人們倒也喜歡這個活潑可愛的孩子。他們有時候利用空閒幫她編了幾隻彩帶做的小鳥、吹樹笛、抓蜻蜓……有好多玩意兒都是生長在城市中的小女孩不曾見過的。

在小女孩心裡，這些工人們個個都是有趣又善良的人，她一點也不害怕他們；那些工人們也真的喜歡這個可愛的小女孩，也許是因爲小女孩總會令他們想起家鄉裡的親人。小女孩的家人對於小女孩的行動感到憂心，不但加倍排擠那些工人，甚至謊稱這些人全是狐狸和灰狼所變成的，專門要騙小孩。可是，小女孩一點也不信，仍舊經常溜到工地那兒去玩。

有一天，小女孩玩累了準備回家，沒想到工地二十層樓處竟突然落下一塊木板，剛好朝著小女孩的頭上砸下來。正當驚險的時候，一個年輕的工人衝了出來，連忙把小女孩推開，自己卻因此被木板砸傷。

那個年輕人也是經常陪小女孩玩的工人之一。曾經嘲弄、鄙視、排擠過這些工人的居民們，特別是小女孩的家人，對他既是感謝，又感到抱歉。

當人們問起他爲什麼願意捨身救人時，他只是輕描淡寫地說：「我會這麼做，是因爲我是眞心喜歡這個小女孩。」

年輕人受到妥善的照顧，很快地便回到工作崗位上。包含小女孩的家人在內的居民們，對待工人的態度也陸續改變，終於有更多良好的互動了。

這個受工人喜愛的小女孩遭遇到危險，年輕工人及時伸出援手搭救她，正是由於小女孩開放了心胸接納對方，對方也以同樣開放的心胸予以報答。善意已經在他們彼此之間流動，而且開始運轉了。

巴錫爾說：「一件善行，永遠不會枉費。撒播殷勤的種子，將可收割友誼的果實；種下善因，將得善果。」

讓良善的風氣迴盪在你我之間，讓愛的種子在你我之間發芽，從你我開始做起，這個社會也將因此結出良善的珍貴果實。

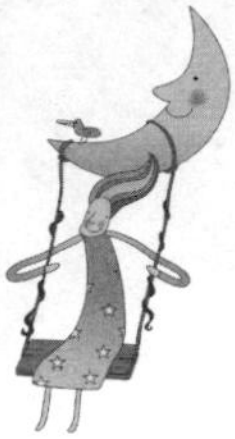

別讓遺憾成爲心頭重擔

一個人如果起了惡心，縱容自己行惡，即使是再小的惡行，都會使他的人格蒙上了灰塵。

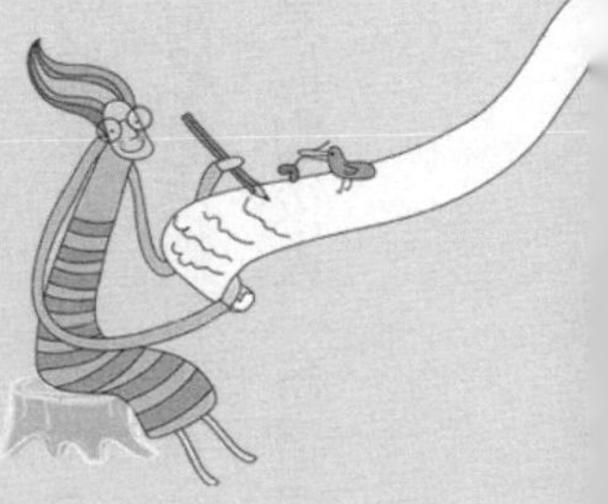

鏡子破了，再怎麼細心修補，也沒有辦法再恢復原本的完好；潑灑出去的水，怎樣也無法重新收回。

「善不可失，惡不可長。」一個人如果起了惡心，縱容自己行惡，即使是再小的惡行，都會使他的人格蒙上了灰塵。

所以，請小心，不要讓自己陷入無法挽回的遺憾當中。

曾看過這樣一個值得我們省思的故事：

有一個老人，在病危時刻將家人招來床前，然後要兒子從床底下拉出一個舊皮箱，從皮箱裡面取出一件舊大衣。

在他的指示下，兒子從撕開的衣角裡取出一塊銀元。

原來，這個銀元是六十多年前，老人在縣城裡開書店之時得到的。那時，有個年輕人來買書，由於那本書已經絕版，架上又只剩一本，所以老人便向那個買書人多收了一塊銀元。交易成功了，但這塊不該拿的銀元卻成了老人多年來的心頭重擔。

一生中就做了這麼一件有愧於心的事，雖然只是小小的一塊銀元，卻始終令他深感不安、日夜煎熬。他想盡了辦法要退回這塊銀元，卻始終無法順利達到心願，所以他留下遺願，期望子孫能夠找到當初那位買書人或是他的後人，將這塊多收的銀元退回，以了卻他心中願望。

六十多年的歲月，一個擦身而過的買書人，茫茫人海要從何處找起？兒女們左右互望，個個面有難色。他們最後才深切的體悟到，或許老人並非眞的期望他們完成這個不可能的任務，而是以切身之痛告訴他們，要「清清白白做人」才能無愧於心。

有一則新聞披露，火車站的人員突然收到一筆來自於無名氏的匯款，隨著匯款附上一封便箋，原來是有一個曾經逃票六百多次的人，現在想起自己當年的作爲深感羞愧，所以一次將積欠的車票款項歸還。

這樣的消息頗令人玩味，他既已成功逃票六百多次，無人知曉，加上已經過了這麼多年，爲什麼還要如此大費周章地還錢呢？

很顯然的，即使無人知曉，還有他自己知道，他清清楚楚地知道自己曾經做過的事情。

我們自己很清楚我們是什麼樣的人，做過什麼樣的事。騙得了別人，卻永遠也騙不過自己的良心。

聖托馬斯說過：「在末日審判之時，我們不會被問及讀了哪些書，只會被問及做了哪些事。」

唯有問心無愧，才能眞正坦然。

或許，我們無法阻止別人爲惡，但至少我們能夠約束自己行善。或許，我們無法追悔那些曾經行過的惡，但是我們可以立志從今天起開始彌補。

善與惡，僅存於一心，終止惡行，就是一種善行。

成全自己也要尊重他人

「我是為你好」，這樣的話冠冕堂皇，但卻明白地顯示了自己對對方不夠尊重。畢竟好不好，應該由當事人自己來決定。

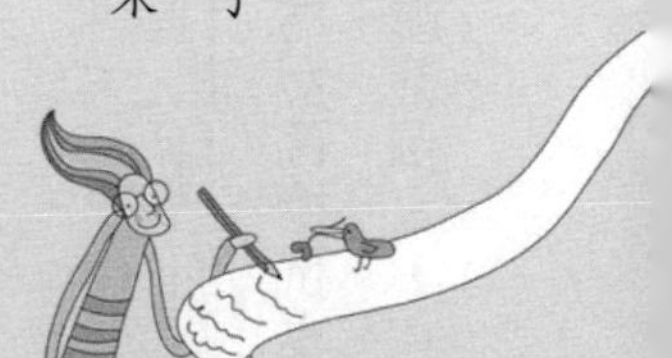

有人說，在施與受之間，施者永遠是快樂的，這句話聽起來頗有道理，因爲在施予的過程當中，他既在成全自己，也在成全他人。

相反的，接受者就不見得一定很高興了，如果施予者所給予的，並不是接受者心裡想要的，會不會反而成了一種困擾呢？

或許，這樣的說法多少解釋了爲什麼有些人花了無數心思追求、付出，卻始終得不到心上人的青睞。

因爲，他只顧著成全了自己，忘了尊重對方的需求。

班上有個女孩，外貌長得人比花嬌，可惜面容總是冷過霜雪，過度孤傲的性情，讓許多追求者硬生生地打退堂鼓。

女孩的健康似乎不太好，常常請病假，出席率很低，加上女孩總是冷漠待人，相對的，她的人緣也不太好，和同學之間只有一種相處模式——「相敬如冰，互不往來」。

女孩的身後是男孩的座位，只有他知道女孩請假的眞正秘密。

由於他的母親是女孩的主治醫師，他很清楚知道女孩罹患了一種罕見的病症，治癒率極低，連女孩自己都不知道自己得的是一種不治之症。

或許因爲多了這一層心事，他始終默默地在女孩身後付出自己的關心。在女孩請假的時候爲她抄筆記，不顧同學們狐疑的目光，每天爲女孩擦拭桌椅保持潔淨，時時刻刻觀察女孩的狀況，一發現她有不適，便爲她端茶倒水，在女孩生日的當天動員全班爲女孩準備禮物慶祝生日……一連串的行動惹來了閒言閒語，當然也傳到了女孩耳中。

女孩覺得困擾，對他冷言相向，百般逃避，然而他並不以爲忤，只是堅持默默地在一旁爲她守護生命裡最後一道光。

日子一天天地過去，女孩的身體狀況越來越差，家屬在與醫生商量之後，同意讓女孩接受某種實驗性的治療，期望能夠有奇蹟發生。

或許是衆人的祈禱眞的應驗，治療竟起了效果，女孩的病情終於漸漸好轉。到這時，女孩才眞正明白了事情的眞相。

恢復健康的女孩，重新回到學校裡，只有臉上紅潤的光澤略略顯露出女孩的不同，沒有人知道她曾經有過生死交關的經歷，除了男孩之外。

這一天，上課之時，女孩偷偷遞了一張紙條給男孩，上面只有短短的六個字：「感謝你的沉默」。

男孩臉上，這才露出了鬆了一口氣的笑容。

在女孩尚未明白男孩的意圖之前，男孩對她的種種關懷，在她來看並不特別感到溫暖，反而覺得困擾、難爲情。然而，在她發現眞相的時候，雖然打從心底感激男孩爲她所做的一切，卻也不後悔自己曾經有過的態度，因爲那確實是她當初的心情。

在男孩的心裡，自己的一切作爲都是順心而爲，因爲他是眞心想幫助女孩，儘管女孩極力地表示自己不需要。

他在乎的是自己能做什麼，而不是女孩願意接受什麼，所以他便不得不面對「熱臉貼冷屁股」的窘況。但由於這是自己的決定，所以他並不以爲忤，即使受到別人的冷嘲熱諷也不在乎。

「我是爲你好」，這樣的話聽起來冠冕堂皇，但事實上卻明白地顯示了自己對對方的不夠尊重。

畢竟，好不好，應該由當事人自己來決定。或許，有人會說女孩無情冷血而爲男孩不値，然而，這樣的結果是男孩自己的抉擇，他所認爲對女孩最好的方式，對女孩來說卻不一定這麼認爲。

當然，故事的結局裡，女孩最後發現了眞相，也表達了自己的感激，皆大歡喜。但是，我卻以爲，男孩的舉動其實是有風險的，因爲如果他不曾考量女孩心裡的想法，那麼他的付出不見得能夠全部得到對方的認同。畢竟，我們有權付出，別人也有權不接受，不是嗎？

站在對方的立場上思量，尊重對方內心的想法，才是人與人之間得以和諧相處最重要的基石。

婚姻中不可少了尊重

夫妻之間彼此多一份的體貼與尊重，對於對方和自己的好惡多做些協調，兩個人的世界自然會融合出一番不同的樣貌。

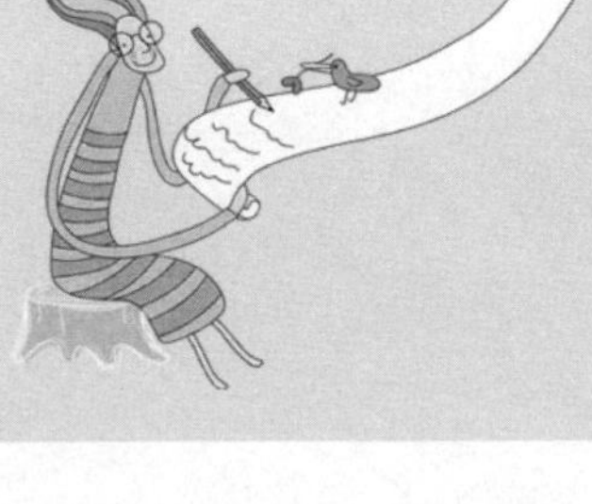

人生最重要的事是讓精神世界獲得滿足與發展，但是，永無歇止的慾望卻讓我們的索求越來越多，終至讓整個心靈填滿物質需求。

因爲必須追求更多，我們只能顧慮到自己，因爲難以填滿胸壑的慾念，我們任由焦躁的情緒直來直往地衝撞。

別人怎麼待我，我便如何待人。這話聽起來很公平，不過如果在婚姻中，凡事完全以自我中心，一切都老是以自己爲本位，那麼婚姻關係所開啓的，往往不見得會是愛的循環，反倒常是恨的根源。

有一對夫婦，丈夫是個愛書的文人，妻子是個大家閨秀，當年兩人結婚時，摒棄門戶之見，成就了一對才子佳人的美事。

然而，隨著時間的流逝，妻子眼見朋友的夫婿個個在商場、政壇有了很好的成就，而自己的丈夫卻始終甘於做一個鎮日埋首書堆，平平凡凡的窮教授，心裡漸漸有了不同的想法。

她原本覺得嫁給讀書人是一件光榮的事，即使生活不如以往奢華，倒也過得清甘有味，然而，當她發現自己的丈夫「胸無大志」，只對讀書有興趣，絲毫沒有爲官經商的打算，或是在學術界上獲得一席之地，不禁感到失望，於是兩個人、兩顆心，漸行漸遠。

妻子老是數落丈夫沒有用，光會讀死書，讀書死。然而，性情溫和的丈夫並不想起爭端，他並非不懂妻子心裡的想法，只是不想違背自己的心意去委曲求全，做自己不想做的事。

面對妻子的情緒，起先他還會稍做安撫，到後來乾脆相應不理，眼不見爲淨。丈夫冷落疏遠的態度徹底地惹怒了妻子，她認爲都是那些書害的，沒有那些書作怪，自己的生活不會變得如此不堪。她揚言如果丈夫不肯回應，她就燒書，這個最後通牒終於引起了丈夫的怒氣，他嚴重地警告妻子，如果眞敢燒書，夫妻就恩斷義絕。

妻子怒極，眞的起火燒了丈夫的書，這一次他們吵得激烈，一切已無可挽回。丈夫要求離婚，即使親友們百般勸說也不肯回頭，一對人人稱羨的婚姻，到最後成了一場悲劇。

好好的一對佳偶，怎麼會成爲一對怨偶呢？在這個合則聚、不合則散的社會裡，離婚似乎已經是一件司空見慣的事情，如果兩個人之間已無絲毫容忍與妥協的意願與空間，那麼眞的還不如早早分開來得好，省得有了子女，多傷害了一顆幼小的心靈。不過，其實我們很難否認，有很多婚姻本來是可以不用走上離異一途的。

夫妻之間，如果能夠彼此多一份體貼與尊重，對於對方和自己的好惡多做些協調，兩個人的世界自然會融合出一番不同的樣貌，這才是創立家庭的眞諦。曾經珍愛的一切，爲什麼會因爲環境稍有變化，就便成了彼此怨恨的關鍵呢？在自由戀愛的時代裡，婚姻不是在兩人的自由意志下結合的？

夫妻的結合是神聖的，因爲這不單單是兩個人的事，而是兩個人的背景相互結合創造出一個新家庭的重責大任。

所以，男大當婚、女大當嫁雖然是一件理所當然的事，但是，在確認自己眞的要投入婚姻之前，最好能要求自己做好心理準備，未來將不再是只爲自己而活，而是要爲「家庭」而活。否則，就難免會像故事中的那對夫妻一樣，只想一味地要求對方順從自己的心願，自己卻不想向對方做任何妥協，於是，衝突在所難免，分離也在所難免。

PART 10

關心，不是無謂擔心

接納孩子是一個「獨立個體」，
他們也會有自己的想法、自己的意願，
孩子的人生要由他自己來決定。

掙脫心靈束縛，腳步就不會絆住

改變面對困難的態度，就能改變對我們不利的形勢，不要讓外力或他人在自己的心頭加上束縛，腳步就不會被絆住。

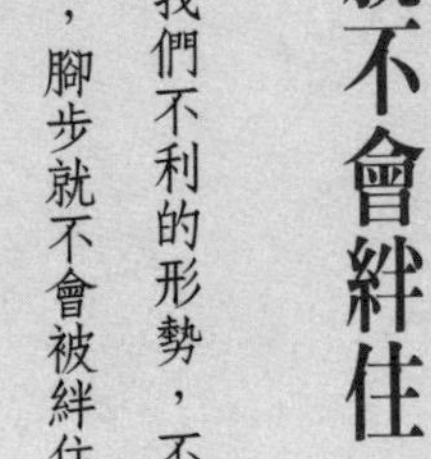

有些時候，事情之所以會失敗，是因爲我們自己的能力還不夠，技巧還不足；如果能夠持續不斷地充實自己的實力，終能掙脫那些綑綁在身上的束縛，衝出生天，才有觸碰成功的機會。

但是，很多時候我們會遭遇失敗，是因爲我們不相信自己的能力所致。我們不相信自己體內潛藏著克服萬難的能量，當然無法衝破難關。

拿破崙能夠在歐洲稱雄，正是因爲他有著「凡事沒有不可能」的信念，在他蓄積了實力時便能勢如破竹，千軍萬馬之勢無人能擋。如果他對自己的能力曾有一絲懷疑，那麼他也不可能完成如此霸業。

大象堪稱是陸地上最大的動物，力氣無比強大，聰明的人類很早就學會將牠們的力量借爲己用。有些地區將大象馴化，不僅能夠搬運重物、做馬戲表演，還能訓練大象上戰場呢！

那些被馴化的大象，僅僅被一條鐵鍊給拴住，就乖乖聽話，第一次看見的人難免覺得訝異：大象這種陸地上力氣最強大的動物，怎麼會甘心受制於一條細細的鐵鍊呢？

馴養大象是有方法的，馴養師在大象小時候就下足了功夫。小象的力氣還沒養成，以一條大鐵鍊就能限制住牠的行動，無論小象怎麼拉扯，都很難將之扯斷，只要鐵鍊一有鬆動斷裂的跡象，就立刻更換一條更粗的鐵鍊。只要小象一停止拉扯，馴養師就會給予食物或安撫等鼓勵，長久下來小象便會放棄了掙脫的念頭。

即使牠長成了大象，力氣早已不同以往，牠仍會認爲自己無法敵過那條鐵鍊，而心甘情願地接受馴養師的訓練。

有一個馬戲班裡養了許多大象，象群的演出得到無數觀衆的熱烈掌聲，大家都爲馴養師能夠將那群大象訓練得如此乖巧而大聲喝采。

一天，馬戲團意外失火，火勢因風吹擴大，一個棚子燒過另一個棚子，很快就燒到了關養動物的圍欄，一發不可收拾。

圍欄內的動物被火勢逼得驚慌失措，馬戲團的工作人員只來得及打開欄門，而趕不及一個一個地解開象鍊。一隻隻大象頻頻跺腳轉圈，就是不知道要扯斷腳鍊，只能焦躁地左右晃來晃去。

炙熱的火焰燒著了乾草，很快地蔓延開來，一隻象被燒痛了腳，猛然一抬腳，鐵鍊竟然應聲而斷，連忙朝著欄門奔出去。其他的象群見狀，也想要逃，使盡了力終於掙脫了束縛，跟著逃往安全地帶。

但有些象怎麼也不敢拉扯，才邁開一步被鐵鍊絆住了腳步，就一動也不敢動了，結果大火席捲了整座畜欄，裡頭未能逃出的動物，無一倖存。

那條鐵鍊的束縛力和大象的氣力相比，是何其懸殊，但大象卻始終未能掙脫，實在令人費解。然而仔細一想，我們又何嘗不是如此呢？原本的想法一旦受阻，禁不起挫敗的打擊，就認爲自己做不到，也不願意再去嘗試，畫地自限的結果，就是只能眼巴巴地看著別人成功。

如果我們不相信自己做得到，我們就一定做不到。

大象被「那是不可行的」那條鐵鍊給綁住了，因而失去逃生的機會，這個故事值得我們警惕；改變面對困難的態度，就能改變對我們不利的形勢，不要讓外力或他人在自己的心頭加上束縛，那麼我們的腳步就不會被絆住。

腳上沒有了束縛，便能自在地朝著心之所向前進；勇敢地邁開腳步，總有一天能夠到達我們想去的地方。

冷靜挑戰惡意中傷

對於惡意中傷，一味地爭辯與質疑，有時候並不能讓毀謗停止，反而可能引起別人的興趣，使得謠言越傳越盛。

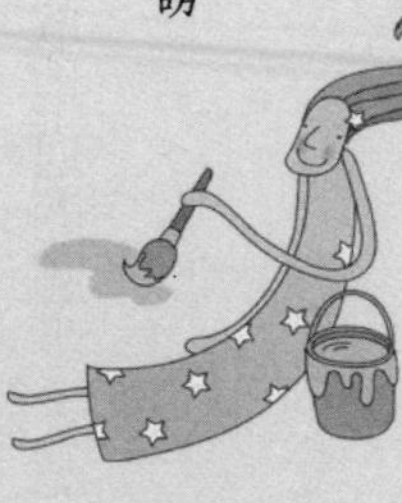

批評是一種砥礪，也是提醒我們內省的訊號。善意的批評提醒我們自我檢討，反省自己行爲有沒有什麼不當之處，以便一一修正。

就好像義大利畫家達文西所說的：「應當耐心聽取他人的意見，認真考慮指責你的人是否有理。如果他有理，你就修正自己的錯誤；如果他無理，那麼就當做沒聽見。」

然而，批評若帶有惡意，或是只求破壞而毫無建設性，便等於是無禮的毀謗了，此時就不該任人謾罵中傷，而要趁機把局勢觀察得透徹，找尋對方的破綻，反將一軍。

東漢桓帝時代，陳留郡有個讀書人名叫邊韶，字孝先，很有文才，還沒有擔任官職之前，名下曾經有好幾百名的學生。

邊韶口才極佳，說起話來頭頭是道，只要學生問得出的問題，從沒有回答不出來的。不過，他就是有個小缺點，沒事就愛打瞌睡，而且因爲人有點胖、肚子又大，打起瞌睡來，總讓學生覺得他的模樣很好笑。

有一天，他又和衣打瞌睡，他的學生私下寫了首打油詩嘲笑他：「邊孝先，腹便便，懶讀書，但欲眠。」意思是譏諷邊孝先是個大肚皮，懶得讀書，整天只想睡覺。

邊韶醒來後知道了這件事，馬上作出一首詩來回應：「邊為姓，孝為字。腹便便，五經笥。便欲眠，思經事。寐與周公通夢，靜與孔子同意。師而可嘲，出何典記？」

意思便是：邊是我的姓，孝是我的字。大肚皮是裝著五經的竹箱子，睡覺則是思考五經的事。睡夢中可以會見周公，安靜時可以與孔子有相同的心意。學生可以嘲笑老師，這規矩出自哪家經典？

學生讓老師機智地將了一軍，反而說不出話來。

邊孝先或許腹大，或許欲眠，但並非懶讀書，因爲他的機敏才智，讓這些意圖嘲笑他的學生自討沒趣，尷尬得說不出話來。

邊孝先當然是有點強辯，但是他能在極短的時間內以詩應答，倒也顯出他的功力確實不弱。

面對學生的嘲笑，他雖然內心不悅，但仍保持風度，僅以短詩回應，也算是以行動證明了自己的能力了。

每個人都有表達自己意見的權利，但這並不代表我們有權以言語去惡意攻訐他人。其實，身材外形與內在才學又有什麼相關呢？以別人的外表作爲嘲弄的對象，實在是一項惡劣的行徑。

然而，對於這樣的惡意中傷，一味地爭辯與質疑，有時候並不能讓毀謗停止，反而可能引起別人的興趣，使得謠言越傳越盛。

法國作家桑弗說：「中傷有如繞你而飛的蜂。沒有殺死牠的把握，你就切莫出手，否則你將受到更激烈的反覆攻擊。」

所以，如果你不像邊孝先那般有自信，能即刻予以反擊，或許最好的方法就是先不去理會那些閒言閒語，只要問心無愧，那些謠言傳久了便不攻自破，大家也就沒有興趣再聊了。

歌德就如此說過：「對於批評既不必提出抗議，也無須為自己去辯解；不必把它放在眼裡，而是用行動來說明。」

只要對得起自己的良心，所有的謠言皆會不攻自破。

愛情，需要用心經營

真愛不會憑空而降，而是要靠著交心的兩個人，一步一步腳踏實地的去經營，一點一滴慢慢淬鍊出來。

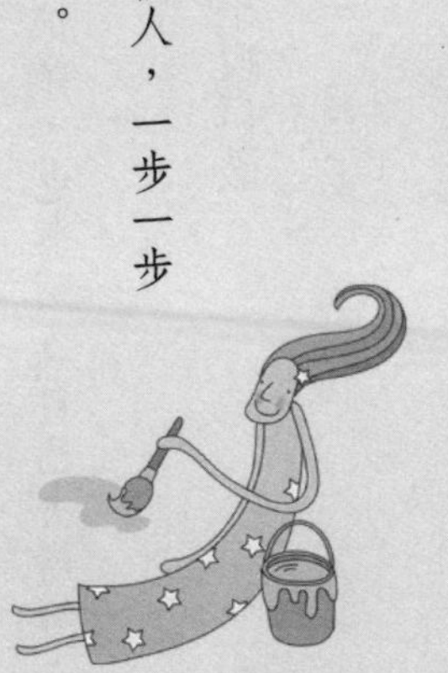

法國作家莫泊桑在《橄欖田》裡寫道：「人生森林裡的迷人歧路，原是由人類的本能和嗜好，以及慾望所造成的。」

或許是因爲我們常年汲汲於追求自己的目標，目光總是望向遠方，想像著山的另一頭將有什麼樣的美景等待著我們，所以我們走得太急，既忘了留心周遭的風景，有時也忽略了身旁同行的人。目標當然重要，然而，過程也應該是人生中有味的體會。

一對夫妻協議離婚，兩人相約到律師事務所辦理手續。

這天早上，他們一路慢慢地走著，彼此心知肚明，這一趟或許是兩人最後一次並肩而行了。

離婚的想法是由太太提出的，因爲她發覺自己再也無法忍受日復一日平淡無味的生活，對著一個無趣的丈夫，既沉默寡言又沒情調，雖然物質生活不至於匱乏，但十多年來的婚姻生活，既無浪漫也難有激情，這一切與她的嚮往是雲泥之隔。所以，她提議離婚。

當時，她的丈夫並沒有多說什麼，也沒有強求與挽留的舉動，幾天之後，他們便達成了離婚的共識。

一段婚姻，原來如此容易就走到了盡頭，想到這裡，妻子的心裡分外覺得自己的決定沒有錯。

來到了一處轉角，街道驟然縮減變窄，原本走在人行道內側的妻子，突然快步走到了丈夫的前面，打算先轉彎。

說時遲，那時快，她被身後的丈夫猛然地往後拉了一步；被拉回了丈夫身側，看著那輛呼嘯而過的大卡車，她才明白，剛才是多麼危險的瞬間。

丈夫漲紅了臉大吼：「不是老提醒妳要走在內側嗎？瞧，剛才多危險！」

她望著丈夫氣急敗壞的神情與濺了一身泥水的衣服，突然間想起了許多過往。一直以來，丈夫都是這樣默默地守候著她，走路時必定走在外側，吃過晚餐後主動收拾、倒垃圾，在自己疲累不堪的時候遞來一杯熱茶……，想著想著，許多瑣碎的細節紛紛浮現腦海。

寡言的丈夫雖然不善言辭，卻是一直呵護、守候著她的一股支持的力量。沒有丈夫的默默支持，這麼多年來她也不能讓家庭和工作兩全，這一切確確實實是由愛和溫情所堆砌而成的。

到了此時此刻她才了解到，其實她所追求的愛情，原來就在自己的身邊，只是被她忽略了好久好久。

愛情是需要經營的，如果沒有兩心投入，那麼這份愛遲早會在每一次的誤解和疏忽之中被消磨、被傷害，最後灰飛煙滅。

現代人談感情也講求效率，一切快、狠、準，合則來，不合則一拍兩散。過度速食的結果，許多人開始認爲根本沒有眞愛的存在。

愛情永遠不會是純粹的，愛情不會是永不變質的，愛情似乎有了賞味期限，一旦過期，味道也不對了。

愛情變淡了，有些人心底不禁抱著一絲希望，認爲自己只是遇上了錯誤的人選，於是他們四處追尋，耐心等候。

每個人都在疑惑，眞正的愛情到底什麼時候才來？

眞愛不會憑空而降，而是要靠著交心的兩個人，一步一步腳踏實地的去經營，一點一滴慢慢淬鍊出來。

就好像故事裡的那對夫妻，他們必定曾經彼此交心，所以才會相識相戀，結爲夫婦。出現婚姻危機也是因爲長久下來，雙方太過於將愛視爲理所當然，忘了繼續爲愛情添加養分，認爲不用說愛對方應該也能知道，但偏偏人與人之間即使再如何親近，也要彼此溝通才能心意相通。

夫妻間疏忽了這個重要的環節，就難免產生隔閡，繼續置之不理，問題就源源不絕地發生。

眼盲不可憐，心盲才可悲。看不見問題，察覺不到問題，不去感受周遭，就繞不過障礙，越不過深谷，即使目標再美好，永遠也不會到達。

眞愛不是不存在，而是需要我們在過程中用心。

隨手施善心，俯拾得善果

對人性抱著信心，以良善的態度來待人，我們會發現，真誠關懷與付出的結果，不是損失而是獲得。

每天的新聞總報導著一件又一件令人難過的消息，作奸犯科的案件層出不窮。到底我們的社會出了什麼差錯？

犯罪的年齡層日漸下探，家庭、學校不再是保護兒童的最佳場所。到底我們的教育出了什麼問題？

法國文豪羅曼羅蘭曾經感慨地寫道：「鄙俗的物質主義正鎮壓著我們的思想，社會在乖巧卑下的自私自利中即將窒息，人類喘不過氣來。打開窗子，讓清新的空氣重新進來吧。」

是的，把我們緊閉的窗扉打開，讓美善的氣息流通吧！

我們有義務要爲這個向下沈淪的社會注入一股善的清流。

小女孩在髮飾攤前徘徊了好久，只見她摸摸這個，又碰碰那個，看起來像是每一個都令她愛不釋手似的。擺攤的是一個年輕女孩子，見小女孩很喜歡那些髮飾，便笑著說：「小妹妹，這些髮夾都很可愛吧，戴在妳頭上一定很好看，想不想買一個呢？」

小女孩眼睛裡盡是渴望，但她連忙放下觸摸的手，擺到身後，遲疑地說：「可是，我沒錢。」

「那請爸爸買給妳啊！」擺攤的年輕女孩依舊笑容滿面地說。

但小女孩還是搖搖頭。擺攤的女孩從攤位上拿起一個蝴蝶模樣的髮飾說：「那不然，我送一個給妳。」

小女孩神情猶豫，最後還是搖頭：「爸爸說不能隨便拿別人的東西。」

擺攤的女孩聽了，還是將髮飾戴到小女孩頭上，一邊說：「這樣好了，我先借妳戴上，等妳有錢再拿來給我，怎麼樣？」

小女孩終於不再堅持，開心地跑回家。

第二天，小女孩的父親帶著小女孩再次來到街上，可是怎麼找也找不著那個賣髮飾的攤位。由於這裡流動攤位太多，也沒人知道那個年輕女孩什麼時候還會再來，或是會到哪裡繼續擺攤。

後來，小女孩總是戴著那個可愛的蝴蝶花，腦海裡常常浮現那個大姐姐的可愛笑容。在她小小的心裡，已開出了一大片可愛美麗的花朵。

只是一件小小的禮物，一個突如其來的想法，但是一顆良善的種子已然種下，而且生根發芽。

盧梭曾說：「對別人表示關心和善意，比任何禮物都能產生更多的效果，比任何禮物對別人都有更多的實際利益。」

對於擺攤的年輕女孩來說，也許只是在能力可及的範圍之內，滿足了一個小女孩的小小渴望，但是在小女孩心裡，卻永遠記得有一個和善對待自己的人，給了她一份值得珍惜的禮物。

她將會對人性抱著信心，也願意以良善的態度來待人，我們會發現，真誠關懷與付出的結果，不是損失而是獲得。我們在社會裡播下一顆善的種子，有一天將會收回滿樹美好的果實。

關心，不是無謂擔心

接納孩子是一個「獨立個體」，他們也會有自己的想法、自己的意願，孩子的人生要由他自己來決定。

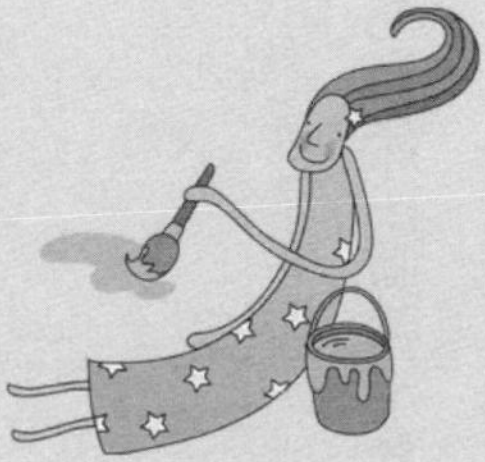

有一部動畫片描述，由於天敵出現，使得小丑魚一家只剩下父親和兒子相依爲命。然而，父親對兒子過分的保護，使得兒子反而無法抗拒探索外界的冒險渴望與好奇心。

結果有一天，兒子和同伴出遊，來到被父親警告不可靠近的海域，一下子就被潛水的人抓走，小丑魚父親只好展開千里尋子的歷程。

父母對子女當然有養育的責任和義務，但是過度的保護和照顧，有時候反而會阻礙孩子學習自主的機會。

每個人都將有獨立的一天，我們希望未來主人翁們個個能夠成爲一個可以照顧自己、照顧他人的獨立個體，能夠爲自己負責，活出自我。

身爲父母，放手讓孩子走自己的道路確實很難，但不放手，甜蜜的親子關係恐怕會轉化成苦苦糾纏。

日本教育學者池田大作說：「讓孩子自由奔放地生活。孩子的夢想如同奔馳於宇宙的駿馬，所見所聞都讓他感到驚奇，能喚起新奇的想像。」

池田大作認爲孩子有權不受他人干擾，成就自己想做的事業，包括父母與教師在內，都只能提供建議，但不能強迫孩子依自己的方法來行事。

孩子有權決定自己想做什麼，父母是引導者，不是命令者。

一對夫妻帶著年幼的女兒一同去旅行，旅途中女兒不小心跌了一跤，當時看起來沒有大礙，想不到回到家後，父母竟然發現她的右手完全無法動彈，於是連忙將她送醫治療。

經過一段時間的休養與復建，女兒的右手才漸漸康復，但是不再像以前那麼靈活，而且天氣稍有變化，曾經受傷的地方就會隱隱作痛。

女兒對父母說：「我知道哪邊是右邊了，就是痛的那邊！」

天真的話語聽在雙親耳裡，既是心痛又是愧疚。

一天，父親問女兒：「妳喜歡出去玩？還是喜歡回家？」

女兒毫不猶豫地回答說：「當然喜歡回家啊！」

父親憐愛地抱緊女兒說：「好吧，那下一次就不帶妳出去了，讓妳待在家裡，這樣好不好？」

他心裡想，女兒必定還沒有從受傷的陰影裡走出來。想不到女兒竟然回答：「可是你不帶我出去，我要怎麼回家？」

父母養育子女，十數年來的疼愛與關懷，自然有著濃烈而無法割捨的情感存在。但是，如果父母死命地抓住孩子不肯放手，拼命拖延孩子長大的期限，以保護之名剝奪孩子體驗的機會，試問這對孩子來說公平嗎？未來孩子變得嬌生慣養、依賴成性且無法自立時，父母們又將作何感想？

那麼，以父母的立場，怎麼做才好呢？印度甘地夫人有她的一套看法，可供大家參考，她說：「難道父母到頭來只能作為一個旁觀者，任憑子女自行其事，不予勸阻，不加指導嗎？不，生活並不那麼簡單。我們做父母的擔負著悉心指導子女這一極其複雜而又細微的重任，不應該力圖用我們的個性去影響孩子，或把我們的願望強加於他們。」

或許，我們就從接納孩子是一個「獨立個體」這個觀念做起吧，接受他們也會有自己的想法、自己的意願，他們有權利學習、有權利探索，更有權利從錯誤中獲得體悟。

孩子的人生要由他自己來決定，和他一起成長勝過一味地照顧保護。

不要因爲環境而拋棄親情

未來的社會將是由今天的孩子來組成。如果我們今天自私短視地種下惡因，未來惡果是否便會應驗在我們的身上？

關於母愛的偉大，弗洛姆曾說：「母愛使孩子感到降臨人間是美好的；母愛在孩子身上逐漸灌輸了對生命的熱愛，而不僅僅希望活著就是了。」

英國文豪狄更斯更說：「沒有無私、自我犧牲的母愛幫助，孩子的心靈將是一片荒漠。」

回想自幼到大，母親的手確實始終在背後默默地支持著我們，兒女的感恩之情也應該始終存在於心。

記得曾經聽過一則傳聞，有名母親在家裡發生火災時，帶著三個孩子或揹或抱，搬開擋住去路的障礙，及時在房子倒塌之前逃出家門。是什麼樣的力量讓一個瘦弱女子辦到她平時做不到的事？是什麼樣的心情讓她豁出去，即使自己喪命也要力保孩子安全？

答案是親情，以下這個故事，也傳達著親情的偉大。

遠古時代，某個高山部落突然對山下的部落發動突襲，不只搶奪了許多財物，更挾持了酋長家剛出生的男嬰打算祭天。

遭逢噩運，部落裡的人心裡都很沮喪，酋長的兒子被抓走更是一件不得了的大事，於是部落中的衆多勇士集結了，準備前往搭救。

但是，山上的部落地理位置優越，易守難攻，如果不是對地形極爲了解，根本無路上山。試了許多方法都不見成效的搜索隊，只好黯然回到部落裡向酋長報告。

酋長見到部落裡最英勇的勇士都沒有辦法救回自己的兒子，不得已也只好忍痛放棄。

就在此時，帳外突然爆出一陣歡呼，衆人聽到聲響，不約而同地衝出去觀看發生了什麼事。

只見男嬰的母親渾身髒污、步履蹣跚地揹著孩子緩緩走來。她揹的正是那個被抓走的嬰孩。

搜救隊的領袖不禁好奇地衝上前去問她：「我們是部落中最強、最優秀的人，連我們都無法上到那樣的高山救回孩子，妳是怎麼做到的？」

孩子的母親只是輕聲平靜地回答說：「因爲，他不是你們的孩子。」

母親與孩子之間的牽絆，從懷孕之時開始，相連的血脈，讓彼此之間的情感既親密又強烈。

然而，到了現代社會，我們卻發現親情似乎不再是絕對的保護傘。

日前有一個令人心酸的新聞，一個小男孩不到四歲就遭到母親二度棄養，年輕的媽媽未婚生子，孩子生下來之後才發現自己無力扶養，便將孩子送給無子的表姊。

後來，表姊生了孩子，便將小男孩送還生母，而生母竟表示仍無力照顧，於是最後小男孩不得不送到社工手上，由社會福利機構爲他找尋合適的家庭收養。

或許，未婚媽媽有理由狠心棄子，但是年僅四歲的小孩卻已經遭逢兩次被親生母親拒絕的經驗，這對他的心靈來說是如何的創傷？回想一下前人對母愛的歌頌，這種景象是否會感到些許的諷刺？

現在的孩子是以後的大人，未來的社會將是由今天的孩子來組成。如果我們今天自私短視地種下惡因，未來惡果是否便會應驗在我們的身上？

把辛苦栽培的人才趕出門

領導者必須先深入去了解每一個員工的能力與潛質，給予充分發揮的空間。如此一來，員工才會投桃報李，傾力而為。

經營者能夠廣納人才便等於是踏出了成功的第一步。能夠知人識人，才能善盡其才，克盡其用。相反的，人才若是擺錯地方，不能發揮應有的功用，不只是一種損失，更是一種浪費。

此外，不公平的待遇，也容易使人才心生二心，降低忠誠度。經營者沒有辦法留住人才，再好的理念與目標都沒有辦法順利完成。萬一發生了「楚材晉用」的狀況，就得不償失了。我消敵長，等於是雙重損失，不可不慎。

春秋時代，楚國有個大夫名叫伍舉。有一次，他的岳丈犯了法偷偷地逃跑了，有人造謠說，伍舉的岳丈畏罪潛逃，是伍舉向他通風報信並送他逃走的。伍舉怕楚王聽信謠言治他的罪，便帶著家小逃到鄰近的鄭國去了。

伍舉在鄭國住了一段時間，還是覺得不安全，便準備再逃往晉國。蔡國大夫聲子是伍舉的好朋友，這時正巧出使晉國，路過鄭國時碰到了伍舉，驚訝地問：「您怎麼到鄭國來了？發生了什麼事？」

伍舉把自己出逃的前因後果和準備再逃往晉國的打算告訴了聲子，聲子聽了之後爲伍舉抱不平，說道：「你暫時到晉國去躲一段時間也好，我一定使你早日回到楚國！」

於是，伍舉帶了家小，跟著聲子一起前往晉國。

聲子在晉國辦完事後，特地來到楚國。楚國的令尹子木接見了聲子，詢問他說：「晉國的大夫和楚國的大夫相比，你以爲哪國的才能更強？」

聲子回答說：「晉國的人才沒有楚國多，晉國雖然有不少大夫很有才能，不過他們多半都是楚國人。這些人因爲在楚國得不到重用，所以到了晉國。楚國不少有用的人才都被晉國拉走了，就像杞梓、皮革等，在晉國都受到了重用。有人說，這叫『楚材晉用』！」

聲子接著說：「楚國不珍惜人才，讓人才外流，所以與晉國交戰，好幾次被晉國打敗，這是因爲有不少楚國人爲晉國出謀劃策。」

子木聽後恍然大悟。

聲子接著又說：「這次，貴國的大夫伍舉因爲受到別人誣陷而出走，我聽說他現在也到了晉國。可惜，又一個楚國的人才將被晉國利用，這對楚國來說是一個損失啊！」

子木覺得聲子說得有理，馬上恢復伍舉的職位，派人把他接回楚國。

國家栽培出來的將相人才，爲政者如果不能知人善任，給予他們發揮的空間，

讓他們能夠運用所學，爲國盡力，對於國家來說是一種無形的損失。如果這些人覺得本國不能重用他們，反而投靠他國，那麼這些外流的人才，更可能成爲未來的隱憂，國家的損失豈不是更大了嗎？

聲子對子木所說的就是這個意思，既然伍舉對於楚國情勢有相當的瞭解，一旦他爲敵國所重用，那麼楚國不是猶如爲敵人開了一扇大門一樣危險嗎？子木也聽出了這一層的危機，所以才連忙派人迎回伍舉。

英國管理學者彼得．派爾認爲，一個優秀的領導人才必須做到：「他不僅要讓員工們敬重，還需要得到屬下的敬愛。他必須具有創造福利的能力，並帶給員工們愉快的生活。」

想要得到屬下的忠誠，意謂著領導者必須先充分釋出誠意，深入去了解每一個員工的能力與潛質，給予充分發揮的空間。

如此一來，員工才會投桃報李，當他們相信自己的努力同時也爲自己帶來幸福的時候，便會傾力而爲，這才是領導者想要得到的結果。

堅守信念，就不會有偏見

如果行事正直，對得起自己的本心，那麼縱使別人如何權力威逼，也不能動搖他半步。

每年到了七月，就會有一波新鮮人湧入社會，隨著失業率的提升，使得好工作更是一位難求。

找工作，不只要靠運氣、靠緣份，更重要的還是要靠實力。一般來說，越是出名的大企業，越會有人想靠關係、走後門，主事者更應該深入去明瞭，人才是否眞正賢能，以及是否眞正適任。

身爲主事者，應該明白自己的職責本分。既是拔擢人才，那麼眞正有實力之人，由誰推介又何妨？倘若是名實不符的人，又何必拘泥於人情壓力？延請人才時，必須看重他眞正的實力，而非身分背景。

春秋時代，晉平公在位時，南陽縣缺少一位縣令，於是晉平公便找來大夫祁黃羊，詢問究竟由誰來擔任這個職務較爲合適。

祁黃羊回答說：「解狐可以擔任。」

晉平公很驚訝說：「解狐不是你的仇人嗎？你怎麼會推薦仇人呢？」

祁黃羊不卑不亢地答道：「您是問我誰合適擔任南陽縣令這一個職務，而非問我的仇人是誰。」

於是，晉平公派解狐前去任職。

果然不出祁黃羊所料，解狐任職後果然很有建樹，受到南陽民衆熱烈的擁戴。

又有一回，朝廷需要增加一位軍中尉，於是晉平公又請祁黃羊推薦。祁黃羊回答說：「祁午合適。」

晉平公不禁問道：「祁午是你的兒子，難道你不怕別人說閒話嗎？」

「您是要我推薦軍中尉的合適人選，並不是問我兒子是誰。」祁黃羊也同樣坦然回答。

於是，晉平公便下令，指派祁午擔任軍中尉職務，祁午也果然不負所望，做得非常出色。

孔子聽了這兩件事，感慨道：「太好了！祁黃羊推薦人才，對外不排斥仇人，對內又不迴避親生兒子，眞是大公無私啊！」

正所謂「外舉不避仇，內舉不避親」，祁黃羊身爲大夫，是國君倚重的重要參謀，國家需要人才，他能摒除自己的私心與成見，全憑人才的才幹來向國君推薦，完全將大我放在最前端，難怪會被孔子視爲典範。唯有如此秉公辦事，毫無偏私的胸襟，才能眞正爲民謀福利。

如果言行卑鄙並不會讓一個人感到羞愧，那麼縱使別人如何指責規勸，也不能改變他分毫。

相同的，如果行事正直，對得起自己的本心，那麼縱使別人如何權力威逼，同樣也不能動搖他半步。

堅守自己的信念，猶如鎖定目標，走起路來便不會有所偏頗。祁黃羊便是一位堅守自我信念的人，自然能撇開自己的私欲私利。行得正，坐得端，自然不怕人說話，外在的閒言閒語、紛紛擾擾，都無法對他造成影響。

嚴守個人分際，堅守個人原則，盡力完成分內工作，這樣的人無須到處宣揚自己的成就，自然使人對他產生敬意。

秉持眞心去完成自我的理念，無論我們處在什麼地位，都會在盡本分的一生中得到應有的價值。

PART 11

靈活變通，才會比別人成功

守株待兔或許是最省力的辦法，

但卻也是最沒效率的辦法，

到了最後往往得付出更大的代價來彌補。

面對困難，要堅守自己的信念

有了信念，種種的苦難與困難，都不再那麼逼人與令人難受，有了信念領航，將可度過人生的重重難關。

如果有人告訴你，他可以幫助你成功，給你極高的報酬，但是你永遠不能以自己的面貌示人，也不能使用自己的名字，你會如何選擇呢？

日本索尼公司創辦人之一井深大所下的決定是鄭重拒絕，因爲他寧願靠自己的實力，讓自己實至名歸。他的故事告訴我們一個道理，要求你隱姓埋名的貴人，不是眞的貴人。

索尼公司是由井深大和盛田昭夫共同創建的，建立初期，名爲「東京通訊工業株式會社」，僅僅是一家百貨商店而已，不過只有二十名職員，資本額五百美元，只能算是個迷你小公司。

但是，經過五十多年，索尼卻發展成爲一家著名的國際性企業，稱爲「世界性的索尼」也不爲過。這中間的飛躍與創始人井深大的自信自強，創立自己的品牌密不可分。

創業伊始，該公司規模很小，但井深大下定決心建立世界著名企業。同時，他覺得「東京通訊工業株式會社」這個地方性名字不能適應自己的遠大抱負，於是爲之起了一個響亮的名字「Sony」（索尼）。這一名字無論在哪種語言中讀起來都朗朗上口，他深信自己的企業將來一定是世界性的。

創業的理想支撐著他們事業的發展，他們將一九五七年發明的第一台袖珍晶體管收音機命名爲Sony（索尼）的新牌號，決定以此爲公司打響名聲。

當井深大帶著這種新定名的「索尼」袖珍收音機來到紐約，打算藉此開創天下時，在一片冷眼中，唯有布魯法公司青睞它。該公司的一位主要銷售部人員對井深大說：「我們很想要這種收音機，就訂貨十萬台吧。」

十萬台，對於創業不久的井深大來說，確實是一筆不小的買賣，價值相當於他們公司資產總額的好幾倍。

正在井深大想進一步詳談之際，布魯法公司卻提出了一個條件，表示收音機必須印上布魯法公司的名字。

井深大很失望，因爲在公司易名之初，他就曾立下宏願：「自己的企業一定要靠自己的品牌打天下，絕對不能成爲其他公司的加工廠。」所以，井深大告訴對方，必須與公司商量再做決定。

事實上，井深大也確實拍了一個電報回東京，公司方向研商後的答案是「同意接受訂貨」。然而，井深大卻在思慮再三後，毅然拒絕了這個條件，他認爲絕不能用其他公司的牌子生產自己的收音機，只有這樣公司才會有發展前途。這筆生意自然是告吹了，這樣的結果爲他招來了許多責罵和懷疑，多數人認爲索尼這家小工廠根本不可能成爲名牌企業。

但是，當他克服萬難，終於憑自己的實力爲企業打造一片新天地時，所有的人都慶幸自己的企業沒有淪爲其他品牌的加工廠。井深大強烈的自信與自強，爲索尼撐起了自己的天空。

卡萊爾說：「理想存在你身上，阻撓實踐理想的障礙也同樣存在你身上。你已經擁有創造理想自我的所有材料。」

我們所做的每一個決定，會影響我們人生前行的路徑，該直走還是轉彎，都是一念之隔。

如果有足夠的信念，相信自己該怎麼做才是對的，那麼何不堅持下去呢？有了信念，種種的苦難與困難，都不再那麼逼人與令人難受，即使是最煎熬的時刻，有了信念領航，將可度過人生的重重難關。

井深大深信自己的決定是對的，儘管當時有不少人表示反對，他仍毅然決然地依著自己的信念前進，爲了捍衛自己的信念，他激發出無窮的潛能，在危機之中覓得轉機。

成就取決於自己的信念，即使得不到他人的支持，我們也能生出更多的力量，幫助自己達成目標，這就是意念的力量。

所以，要勇敢相信自己，只要認爲自己的方向目標沒錯，只要認爲自己選擇的方法策略沒錯，那就大膽地去進行吧！只要是你深思熟慮過所下的決定，你就不該覺得後悔。

托爾斯泰說：「我們必須相信存在於世上和我們身上的良善終將獲得實踐，這是讓這項信念實現的主要條件。」

只要願意相信「相信」將帶來沛然的力量，我們將會發現自己其實力大無窮。

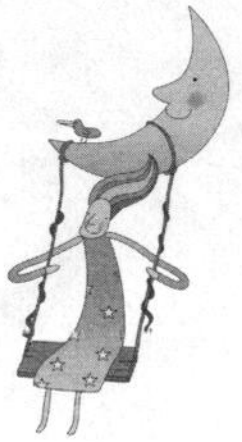

以推銷自己的心態待人處事

一定要學會這門推銷自己的功夫，積極地去認識自己、瞭解自己，而且待人處事的時候，更會重視彼此間的往來關係。

很多人都害怕推銷員，因爲他們死纏爛打的功夫和擅用心理影響的能力，總讓人對他們敬而遠之。

其實，推銷是一種說服的功力，如何讓別人順從我們的想法和願望，這是每一個人都需要的能力。因爲，有了互相說服的過程，才有溝通，人與人之間自然有了交流。

這個世界上人那麼多，當我們對某一件事情產生需求的時候，可以提供我們解決方案的人選可能有好幾個，我們很難對每一個有能力的人進行評估，更難在很短的時間內判斷誰優誰劣，誰又是最符合我們需求的人選。所以，這時候「關係」就是一個很重要的決定因素了。

製造「關係」，讓做選擇的人印象深刻，是一個提高被選率的做法。這就好像寄履歷參加面試，如何讓主考官對你的履歷留下深刻印象，攸關著你能不能得到更進一步的面試機會，當然也影響到是否能被錄取的最後結果。

這就是一種推銷的手法運用，如何突顯特質，製造關係，發揮無遠弗屆的影響力，以得到對方的注意力。

有一個很好的例子，可以提供大家參考。

有一名業務人員來到一家企業拜訪，當他通過層層關卡終於來到董事長辦公室門外，將自己的名片懇請秘書轉交，請求得到會晤的機會。

秘書接過名片，敲門進入董事長辦公室內，恭敬地將名片交給董事長，果其

不然，董事長看都不看就把名片丟回去。

秘書只好尷尬地將名片退還給業務員，但業務員並不因此氣餒，甚至連不愉快的表情都沒有，再次將名片交給秘書，他說：「沒關係，我下次再來拜訪，不過，還是請董事長留下名片。」

由於業務員的堅持，秘書只要再度硬著頭皮將名片拿進辦公室。這回可把董事長惹火了，他一把搶過名片，一撕兩半，然後丟回秘書手上。

董事長突然發火，秘書一時間也楞住了，拿著撕成兩半的名片呆站在一旁。董事長沒好氣地從口袋裡拿了十塊錢出來，大聲說道：「十塊錢買他這張名片，夠了吧！」

將一切情況全看在眼底的業務員，接回秘書手上的名片和鈔票時，依然開心自若地說：「請轉告董事長，十塊錢可以買兩張我的名片，我還欠他一張。」隨即再拿出一張新的名片交給秘書。

這一次，董事長可沒再大怒了，辦公室裡傳來一聲爽朗的笑聲，董事長親自走了出來，說：「這樣的業務員，我不跟他談生意，找誰談去？」

這名業務人員成功地展現了身爲一名業務員最重要的特質：笑臉迎人，每個客戶都以重要的客戶相待。

所謂「買賣不成情義在」，做生意絕對不是只做一回，而是要永續經營。像故事裡的董事長，如果不是故意要考驗業務員，那就得小心了，今天他財大業大，大家可能都還隱忍不發，但他要是老這麼目中無人，做事不留餘地，說不定以後很多好生意都談不成了。

我們的每一個表現有什麼前因後果別人不會知道，看在別人的眼裡，也可能不是我們心裡所想；無論如何囂張的態度，一向都很難令人忍受，也很少有人願意忍受。

人與人的交集越多，越能看出每個人的氣度有著明顯的不同，情緒人人都有，如果每個人都隨地亂炸一通，誰經過誰倒楣，那麼，這個世界恐怕是永無安寧之日了。

這名業務員以幽默化解衝突，更藉此表現出自己的優點與氣度，成功地塑造出良好的印象，可說是一舉三得。

我們不一定要選擇推銷產品的工作，但至少我們一定要學會這門推銷自己的功夫，因爲有了這個前提，我們就會更爲積極地去認識自己、瞭解自己，而且待人處事的時候，更會重視彼此間的往來關係。

和氣待人，就能讓別人和氣對待，給人好印象也能收到好結果。人人如此，社會氣氛自然和諧，糾紛也就不會那麼多了。

想到達明天，現在就要啟程

過去種種當然影響了我們的現在，但是現在的所作所為卻也會改變了我們的未來。

雖然說「學海無涯」、「學無止盡」，但是當年紀大了，真的有勇氣重拾書本的人，畢竟也不在多數。

有些長輩，年輕的時候沒機會多讀書，可能沒錢也可能沒閒空，於是心裡一直記掛著有朝一日要再回到學校，讀自己過去無緣讀到的書。但是，當他們打拼了一生，錢也有了，閒也有了，卻不敢再提讀書的事，擔心自己的腦力與體力全大不如前，害怕一切已經太晚了。

俄羅斯著名作家克雷洛夫的例子，很值得大家一看。

克雷洛夫有一群好朋友經常聚在一起切磋學問，其中有一個名叫格涅季奇是專門研究古希臘語的專家。

言談間，格涅季奇對於古希臘藝術的喜好，深深地感染了克雷洛夫；爲了能閱讀諸如荷馬等詩人所寫的古希臘詩歌和《伊索寓言》等原著文學，親身體會古希臘藝術之美，克雷洛夫下定決心也學會古希臘語。

他這個決定讓大家感到相當訝異，許多人更視之爲空想，紛紛勸他說：「算了吧，人過五十歲還要學習外國語言是很困難的。」

但是，克雷洛夫不以爲忤，充滿信心地說：「只要有決心和毅力學習，任何時候都爲時不晚。」

兩年之後，一次偶然的機會，大家在奧列寧家中聚會，格涅季奇想起過去大家的爭論，把話題再度提出來討論。有人調侃地問了克雷洛夫古希臘語學得怎麼樣了，克雷洛夫不慌不忙，只是微笑地回答，大家不妨藉此機會對他來一次古希臘語測驗。

每個人聽了都露出驚訝的表情，還以爲他在開玩笑，但是看他認眞的表情又不像假的，於是分頭找來了好幾本希臘著作，任意翻了一頁就要他讀。

只見克雷洛夫接了過來，語調輕快地朗讀了起來，一邊讀還一邊將書中的文句翻譯出來。

格涅季奇見他翻譯得既準確又流暢，不禁目瞪口呆，因爲專研古希臘語的他最明白學習古希臘語的難處所在，絕對不是一件簡單的事。

面對在場衆人不敢置信的目光，克雷洛夫侃侃而談自己的學習過程。

他說，這兩年的時間裡，他每天都要閱讀希臘作家的作品，有時候爲了讀完一個段落，還會熬夜到凌晨四點才睡，當然，也因爲如此才把眼睛給看壞了，不得不配上眼鏡。

這樣的傳奇仍未結束，一年之後，克雷洛夫又多了一項語言能力，他把英語也給學會了。

年齡不是問題，經驗不是壓力，老話一句：只要有心，人生沒有跨越不了的障礙。

別人能不能成功，我們無法擅自妄下判斷，但是我們自己能不能成功，就看我們自己的意志了。

托爾斯泰說：「你過去的行為沉重地壓在你未來生命的方向，但有時，你可以透過自己的精神奮鬥，改變生命的方向。」

過去種種當然影響了我們的現在，但是，別忘了，現在的所作所爲卻也會改變了我們的未來。

有一首歌是這麼唱的：「想到達明天，現在就要啟程。」

只要肯起步，永遠爲時不晚。

克雷洛夫或許天資過人，但也因爲他有非達到目的不可的信念，才能做到別人認爲不可能的事。

靈活變通，才會比別人成功

守株待兔或許是最省力的辦法，但卻也是最沒效率的辦法，到了最後往往得付出更大的代價來彌補。

相信一定有很多人好奇，爲什麼有些人做生意能夠成功，有些人卻開一家店倒一家店，不但分文未賺，還賠了大半家產？

爲什麼有些人不過進出股市幾趟，就比整天守在電視螢幕前、隨時注意股價漲跌指數的人，來得獲利良多呢？

當然，做生意可能也有天份上的差異，不該吃那行飯的人走起來自然是辛苦多了。可是，天份並不代表全部，能夠以努力去平衡天賦的人，同樣能掙出一片天，重點就在於有沒有一顆開放靈活的腦袋，懂不懂得通權達變，把握良機。請大家先看看以下這個故事。

從前有兩個年輕人，一個叫小山，一個叫小水，他們住在同一村莊，是最要好的朋友。由於居住在偏遠的鄉村謀生不易，他們就相約到外地去做生意，於是同時把田產變賣，帶著所有的財產和驢子到遠地去了。

他們首先抵達一個生產麻布的地方，小水見狀便對小山說：「在我們的故鄉，麻布是很值錢的東西，不如我們把所有的錢換取麻布，帶回故鄉去賣，一定會有利潤的。」

小山同意了，兩人買了麻布，細心地綑綁在驢子背上。

接著，他們到了一個盛產毛皮的地方，那裡也正好缺少麻布，小水就對小山說：「毛皮在我們故鄉是更值錢的東西，我們把麻布賣了，換成毛皮，這樣不但我們的本錢回收了，返鄉後還有很高的利潤！」

誰知小山卻回答說：「不了，我的麻布已經很安穩地綑在驢背上，要搬上搬下多麼麻煩呀！」

於是，小水把麻布全換成毛皮，還多了一筆錢，小山依然有一驢背的麻布。他們繼續前進到一個生產藥材的地方，那裡天氣苦寒，正缺少毛皮和麻布，小水就對小山說：「藥材在我們故鄉是更值錢的東西，你把麻布賣了，我把毛皮賣了，換成藥材帶回故鄉一定能賺大錢的。」

小山拍拍驢背上的麻布說：「不了，我的麻布已經很安穩的在驢背上，何況已經走了那麼長的路，卸上卸下太麻煩了！」

小水又把毛皮都換成藥材，還賺了一筆錢。

兩人一路行來，小水的驢背上裝滿了藥材，口袋裡塞滿了錢，而小山依然只有一驢背的麻布。後來，他們來到一個盛產黃金的城市，那座充滿金礦的城市是個不毛之地，非常欠缺藥材，當然也缺少麻布。

這回，小水又對小山說：「在這裡，藥材和麻布的價錢很高，黃金很便宜，我們故鄉的黃金卻十分昂貴，如果我們把藥材和麻布換成黃金，這一輩子就不愁吃穿了。」

誰知，固執的小山再次拒絕了：「不！不！我的麻布在驢背上很穩妥，我不想變來變去呀！」

小水賣了藥材，換成黃金，又賺了一筆錢，至於不知變通的小山，則依然守著一驢背的麻布。

最後，他們回到了故鄉，小山賣了麻布，只得到蠅頭小利，和他辛苦的遠行不成比例，小水則不但帶回一大筆財富，還把黃金賣了，成爲當地最大的富豪。

只有錢才能滾錢，小山從頭到尾都懶得變動，錢財當然不會自動跳進口袋裡來，就算財神爺站在門口，也要人去打開門才能進得來。反觀小水，從頭到尾都深明「人棄我取，奇貨可居」的道理，辛苦自然有其代價。諷刺的是，兩人所花費的氣力，實在相差不遠。

守株待兔或許是最省力、最不用動腦筋的辦法，但卻也是最沒效率的辦法，既然決定要做，就別在小地方摳門，省小錢、省小力，到了最後往往得付出更大的代價來彌補。

除了做生意，這人棄我取的精神可還是好用得很。記得最近有個廣告拍得有意思，當一大堆人看著股市大跌紛紛搖頭嘆息之時，主角卻拿起電話準備大量買進，廣告詞寫得妙：「出場時機，進場良機。」

當局勢跌落谷底的時候，難道不就是開創新局的大好時機嗎？事先做好功課、臨場懂得變通是絕對沒錯的，別因為懶惰而讓你錯失良機了。

心靈空虛了，人生還會美嗎？

只是當我們築了一道又一道牆將危險阻隔在外，卻也不小心將所有善意一併阻隔了。心靈空虛了，人生還會美嗎？

《湖濱散記》的作者梭羅曾經在書中寫道：「如果有人每天花半天的時間在林間漫步，純粹是因為他喜愛如此，那麼就可能被當成游手好閒，但若他整天忙著在林間砍樹，讓大地早在該禿之前就禿光，反倒會被視為勤奮不倦的好公民，彷彿城鎮對森林唯一的興趣，就是把它們砍光。」

這是梭羅對於爲了小小利益卻不惜摧殘大自然的行爲所寫出的最大控訴。這個世界每天每天都在進步，科技越來越發達，我們是否眞如梭羅所控訴的，漸漸

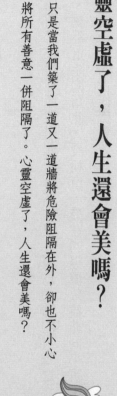

忘卻了自己的本眞，忘卻了生命本來最重要的事？

有一個故事，很值得我們就這個題目深思一番。

一位建築設計大師一生傑作無數，因爲他設計的樓宇氣勢恢宏，內部構造又極實惠舒適，一向相當很搶手，只要載明由他所設計的房子，往往很快就被搶購一空。

設計師終究也是到了該退休的年紀，雖然他的設計功夫並不未因爲年紀而退化，但是，畢竟年紀大了，體力也差了，總是不想再那麼辛苦奔波過日子，於是他便在六十五歲生日之後，向外界宣佈再接下最後一件設計委託之後，就此封筆退休。

這個消息在房地產業引起了軒然大波，因爲大師的封筆之作，肯定很有炒作的空間，說不定能夠藉此大發利市，潛在的經濟效益非同小可，因此紛紛前來積極爭取最後一次的合作機會。

大師本人自然也想讓這最後的封筆之作充滿紀念性，想想，他一生設計了無數的房屋，看遍了世界上各式的建築物，也算是和社會進步一同走了過來。一個個城市興起，一個個鄉鎮沒落，在他心裡總不免爲新式密集建築隔閡了人與人間的距離而感到遺憾。他很希望能夠結合建築和人情，期望透過他設計出來的房舍，重拾人與人之間的信任感。

於是，一個個靈感在他筆下迸發出來，他設計的那片建築最大的特色，就在於每戶之間都有一條通道連接，他期望藉由這些通道，讓居住在裡面的住戶，能夠重現大家庭般的溫馨。

他的理念完整地呈現在設計圖上，巨資委託的房地產商也相當認同，認爲大師的設計果然不同凡響。

一時間，廣告做得奇大，果然引起業界熱烈的討論和媒體爭相的訪問。業界讚譽爲設計史上的經典之作，媒體更是大肆報導，詢問預售的電話更是絡繹不絕。

看到這等熱烈的迴響，房地產商樂得信心十足地大興土木。

可是，結果卻令人出乎預料，雖然看屋的人多，買屋的人卻少得可憐，甚至可說創下了房市新低的紀錄。

房地產商不明白爲什麼事情會變成這樣，連忙派人深入調查原因。這才發現，大師的設計雖然新穎，現代感十足，理念也不錯，可是眞要去住那樣的房子，實在讓人有點裹足不前。

你瞧！和鄰居之間的關聯多了，人際關係也變得複雜；活動空間雖然增加，卻也多了防盜的風險……

設計大師得知這一切，心裡自然是很難過，他退還了所有的設計費，決定和老伴一同回鄉下隱居，安享餘年，從此不再拿起圖紙。他臨行前感嘆地說：「我只識圖紙不識人，這是我一生最大的敗筆。我們可以拆除隔斷空間的磚牆，而誰又能拆除人與人之間堅厚的心牆？」

現代人眞可憐，有車有樓，不必害怕野獸侵擾，享受最便利的社會生活，卻喪失了最基本的信任感。

和遠古時代的人類相較起來，我們的壽命或許增長了，但是，日子卻變得乏味多了。我們不用像古代人爲了每一餐的飲食而冒險，不用靠雙腳步行就能到達目的地，我們甚至可以不用和別人接觸，在人來人往的環境裡，過著孤獨的生活。

梭羅控訴人類的建設破壞了自然，人類卻被困在自己的建設裡走不出去。人是群居的動物，靠著互助合作的方式追求共同的福祉，這應該是我們的本性，然而，太多破壞信任共識的行爲，使得我們寧願自掃門前雪。

只是當我們築了一道又一道牆將危險阻隔在外，卻也不小心將所有善意一併阻隔了。心靈空虛了，人生還會美嗎？

適應環境，找尋樂趣

我們或許得被迫接受一個環境，但我們還是有權讓自己過得快樂，我們也能得到屬於自己的「悠然」。

美國學者比爾·特利爾在《人生是怎麼樣自尋煩惱的》一書中，寫下這樣的一句話：「在生活中，你不會永遠有特權去做你高興的事，但是你有權利從你的所作所為中得到更多的樂趣。」

世事萬物都有兩面，一是讓人感興趣，一是讓人不感興趣。假使你從感興趣這一面進去，深入了解之後可能會發現其實沒那麼有趣；假使你從不感興趣這面被人推進去，說不定你也能發現其中趣味所在。或許要從哪一面去接觸無法由自己決定，然而決定要以何種態度去面對的權力在你，決定處事結果的選擇權也在你。你可以開心地做，也可以做得痛苦。

體會取決於態度，一個人想要活得快樂，最重要的是自己的態度。如果能夠秉持本心，不去在意旁人的看法，我們便能自在過活，活得自在了，日子自然開心。

晉朝最出名的書法家王羲之生了三個優秀的兒子，其中第三個兒子王徽之可說是王家最大的怪胎。

他這個人雖然資質很好，但是生性極爲高傲，從來不在乎他人的想法，也不喜歡受人約束，行爲豪放不拘，想做什麼就做什麼，誰也管不了他。

後來，有機會當官，他也不怎麼當一回事，還是常常到處閒逛，對於工作上的事務也不太在乎。後來，他受不了官門裡的規矩，乾脆辭去官職整天遊山玩水、飲酒作詩，日子倒也過得自在輕鬆。

王徽之還有個「人來瘋」的個性，興致一來想到什麼就做什麼，不會去理會外在條件有什麼限制。

就好比有一年冬天，鵝毛大雪紛紛揚揚地接連下了幾天，一天夜晚，雪終於停了。天空出現一輪明月，皎潔的月光照在白雪上，好像到處盛開著晶瑩耀眼的花朵，乍看之下甚是潔白可愛。

王徽之推開窗戶，見到四周白雪皚皚，眞是美極了，頓時興致勃勃地叫家人搬出桌椅，取來酒菜，獨自一人坐在庭院裡慢斟細酌起來。他喝喝酒，觀觀景，吟吟詩，高興得手舞足蹈。

忽然，他覺得此景此情，如能再伴有悠悠的琴聲，那就更加動人了。於是，他想起了那個彈琴作畫皆爲上乘的朋友戴逵。

「嘿，我何不馬上去見他呢？」

身隨意動，王徽之馬上叫來僕人備船揮槳，連夜前往，也不考慮自己在山陰而戴逵在剡溪，兩地有一段相當遠的距離。

月光照瀉在河面上，水波粼粼。船兒輕快地向前行，沿途的景色都披上了銀

裝，王徽之觀賞著如此秀麗的夜色，如同進入了仙境一般。

「快！快！把船兒再撐得快點！」王徽之不停地催促著僕人，恨不能早點見到戴逵，一起共賞今夜美景。

船兒整整行駛了一夜，拂曉時，終於到了剡溪。可是，這時王徽之卻突然要僕人撐船回去。僕人們個個莫名其妙，詫異地問他既然不遠千里趕來了，爲什麼又不上岸去見戴逵。

王徽之淡淡地一笑，說道：「我本來就是一時興起才來的。如今興致沒有了，當然應該回去，何必一定要見著戴逵呢？」

王徽之如此豪爽不羈、隨興所致的性格，當然爲官場難容，所以後來他索性辭官隱居，過著自由自在的生活，倒也不受限於世俗的看法，反正但求對得起自己的本心就好。

現在每一個自覺被工作、家庭綑綁的人，看了這個故事，是不是極爲羨慕王

徽之的生活方式呢？能夠在自己選擇的生活裡得到那份悠然，得到那種乍然欣喜的感受，那麼在當時當刻，所有外在的辛苦應該也就不算辛苦了。

只是，我們往往沒有那份勇氣，相信大家即使再羨慕王徽之，終究也是只會停留在羨慕的層次裡罷了，沒有人會眞的拋棄工作，學他們用這麼狂放的方式看待生活。

記得有人曾經這麼說過：「許多人常會望著自己的日常工作而感到迷惑：究竟我所做的一切對未來有什麼用處？在這樣的時刻裡，唯一的解答就是：我要繼續目前的工作，因為這工作與我的生存有極大的關係。」

這是一種心理說服，也是一種讓自己穩定下來的想法。當我們選擇留在世俗裡，並不代表我們就會終結了所有快樂，大家不妨回想看看前面特利爾所說的論點：我們或許得被迫接受一個環境，但我們還是有權讓自己過得快樂。

只要能從環境中尋找出新的樂趣，等我們適應了環境，我們也能得到屬於自己的「悠然」。

過度休息，等於浪費生命

適當的休息，是以時間換取空間，及時充電儲備了下次前進的動力，但過度的休息，便得不償失了。

這是一個聞胖色變的時代，許多名爲瘦身中心的減肥機構應運而生，廣告中總是強調不論原先體形如何碩大難看，經過飲食調整、運動、按摩等身材雕塑作業之後，人人都可以曲線玲瓏，婀娜多姿。

就這樣，無數不滿自己身材的太太小姐、先生少爺，莫不捧著大筆鈔票上門，以求一圓曼妙身材、結實體魄的美夢。

然而，想要減肥不一定得傾家蕩產，因爲最健康的減肥方法就是正常飲食加上持續運動，只要有恆心有耐心，久了自然就能瘦下來，而且瘦得健健康康的。只不過，如果不能持之以恆，復胖的機率可是很高的。

其實，人之所以會胖，是因爲脂肪堆積；脂肪之所以會堆積，是因爲過度攝取，又代謝太慢；之所以會代謝太慢的原因，除了天生體質因素之外，只有一個，就是太懶了！懶得動，熱量又能消耗到哪裡去呢？

要小心，適當的休息是調節體力，過度的休息可就是浪費生命了。

據說劉備敗給了曹操後，喪失了大部分的地盤，不得已只好投奔漢皇族劉表。一天，劉表請劉備喝酒聊天。席間，劉備對劉表說：「上次沒有聽您的話，失去了一個好機會，眞可惜！」

劉表聽了便安慰他說：「如今天下分裂，天天有戰事。上次失去機會，怎麼知道今後不能再碰到呢！機會是沒有盡頭的，至於那些已經過去的事，就不必再後悔了。」

兩人交談得很投機，又彼此商量了以後的打算。過了一會兒，劉備起身上廁所，他摸了摸自己的大腿，發現上面的肉又長了出來，不禁難過得掉下淚來，當他回到座位上的時候，臉上還留著淚痕。

劉表見了很奇怪，問他道：「怎麼啦？您是不舒服還是有什麼心事？」

劉備不好意思地說：「沒什麼，我以前一直南征北戰，長期身子不離馬鞍，大腿上的肉精壯結實；到這裡來後，一晃就是五年，閒居安逸，用不著騎馬，髀肉復長，變得又肥又鬆。一想起時光過得這麼快，人都快老了，復興漢室的功業一點也沒有建成，因此心裡非常難受。」

所幸劉備並沒有因此失志，與義兄弟一起努力，後來又有名相諸葛孔明相助，終於有了三分天下的勢力。

原本集中的意志，一旦鬆懈了，就很難再凝聚起來，光陰是不等人的，一時放鬆自己，可能因此失之毫釐，差之千里，離目標也越來越遠了。

劉備就是有了這樣的感嘆，本來大業成功有望，卻又因爲一時的失敗，反而失去了原有的地盤，想要再爭回一切，卻苦無良機。眼看時光一日日地流逝，自己的身體又因爲長期的休息，慢慢地忘記從前南北征戰的感覺，何時才能有復國的一天呢？

法國作家莫泊桑說：「人生活在希望之中。舊的希望實現了或泯滅了，新的希望烈焰隨之燃燒起來。如果一個人只是過一天算一天，什麼希望也沒有，他的生命實際上已經停止了。」

懷抱希望，維持信心，不論前方的路有多難，就算一步一停，總還是能繼續前行。累了就停下來休息一下，休息夠了就再往前邁步，總是能一步一步地往目標逼進。

適當的休息，是以時間換取空間，及時充電儲備了下次前進的動力，但過度的休息，就好像充飽電的電池再也充不進去了，反而會損害到電池本體，便得不償失了。

想開創璀璨的未來，先放下哀怨的心態

不念過去，不畏將來

Future depends on you

國文豪羅曼羅蘭說：**「只有把抱怨環境的心情，化作奮發向上的力量，才是成功的保障。」**
實如此，人只有勇於放下不如意的過去，踏實地活在當下，未來才可能充滿希望。
論過去的處境如何不堪，不論過去遭遇多少挫折和磨難，都必須學會放下，用積極樂觀的態度改變現況。
志與熱情是夢想的羽翼，自信與堅韌是成功的階梯，只有對生活抱持著積極樂觀態度的人，才能穿越荊棘遍佈的人生道路，
過眼前的難關，開創璀璨的未來……

凌

生氣不如爭氣，抱怨不如改變

作　　者　黛　恩
社　　長　陳維都
藝術總監　黃聖文
編輯總監　王　凌
出 版 者　普天出版社

新北市汐止區康寧街 169 巷 25 號 6 樓
TEL / (02) 26921935（代表號）
FAX / (02) 26959332
E-mail：popular.press@msa.hinet.net
http://www.popu.com.tw/
郵政劃撥 19091443 陳維都帳戶

總 經 銷　旭昇圖書有限公司
新北市中和區中山路二段 352 號 2F
TEL / (02) 22451480（代表號）
FAX / (02) 22451479
E-mail：s1686688@ms31.hinet.net
法律顧問　西華律師事務所・黃憲男律師
電腦排版　巨新電腦排版有限公司
印製裝訂　久裕印刷事業有限公司
出 版 日　2019（民 108）年 7 月第 1 版
I S B N◉978-986-389-645-6　　條碼 9789863896456

國家圖書館出版品預行編目資料

生氣不如爭氣，抱怨不如改變／
黛恩著.—第 1 版.—：新北市, 普天
民 108.7 面； 公分. -（生活良品；09）
I S B N◉978-986-389-645-6（平裝）

生活良品

09

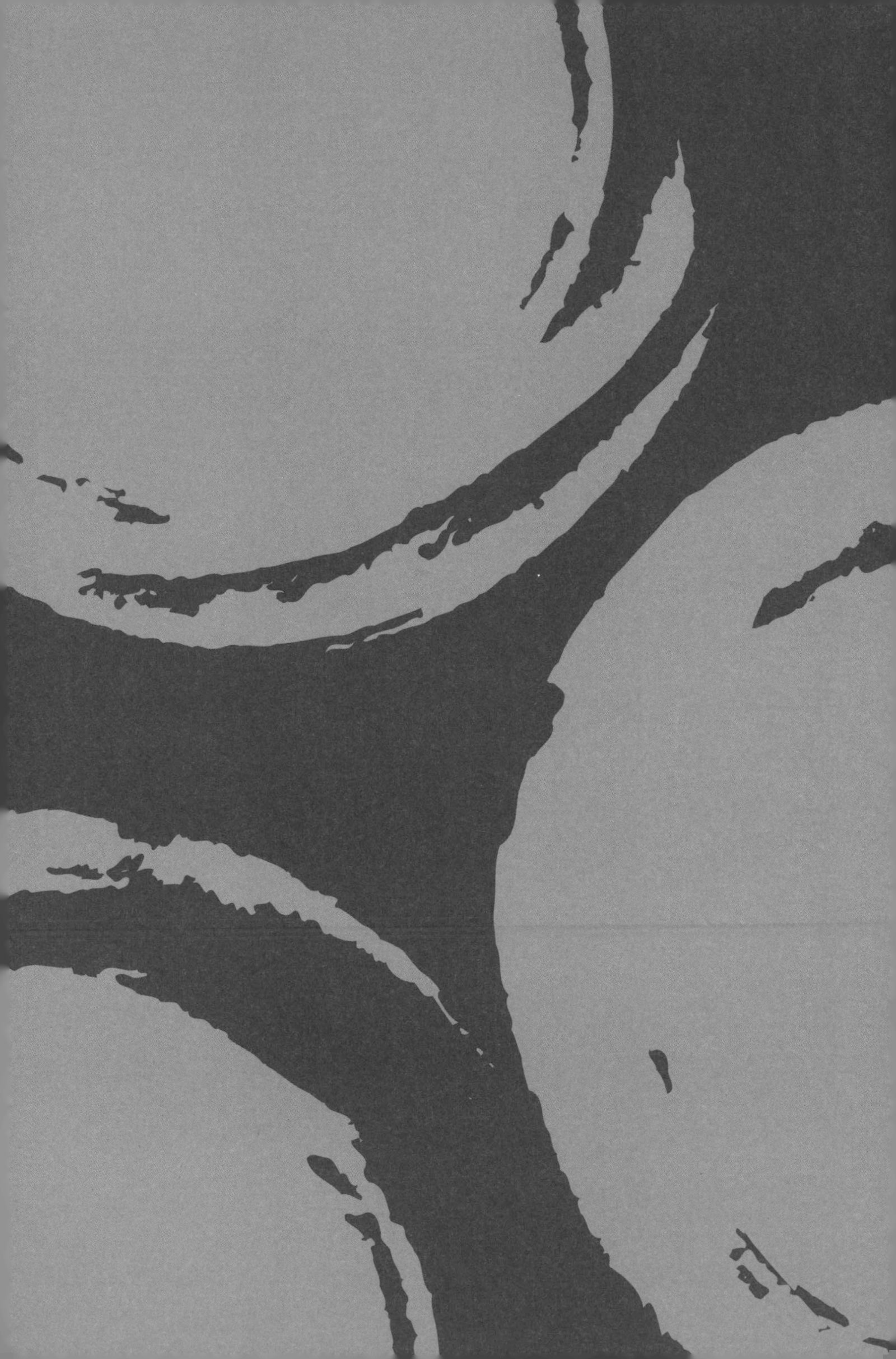

普天之下・盡是好書

普天出版家族 Popular Press Family

凌雲文創 A-Plus Creative Company